SUSANNE RADEMACHER

STILVOLL HEIRATEN

SUSANNE RADEMACHER

STILVOLL HEIRATEN

Mein Wedding-Planer

HERDER

INHALT

Liebe Braut,

herzlichen Glückwunsch zur Verlobung – ab hier startest du in das große Abenteuer deiner Hochzeitsplanung!

Dieses Buch wird dir mit Rat und Tat zur Seite stehen und dich mit hilfreichen Tipps bis zum Tag eurer Hochzeit begleiten. Hier darfst du von deinem Brautkleid träumen, dich auf wunderbare Erlebnisse mit deinen Liebsten freuen, dir euren Hochzeitstag in allen Details ausmalen und eigene Ideen festhalten. Daneben helfen dir praktische Ratschläge und übersichtliche Checklisten dabei, eure Hochzeitsplanung ganz entspannt zu gestalten. Zwischendurch kommen ausgewählte Hochzeitsexperten zu Wort, die dir exklusive Insidertipps für eure Traumhochzeit verraten.

Als Hochzeitsbloggerin auf *www.lieschen-heiratet.de* begleite ich seit über sechs Jahren moderne Bräute bei ihren Hochzeitsvorbereitungen, teile Profitipps und kreative Inspiration. Die schönsten Ideen und meine Erfahrungen aus mehreren Hundert Hochzeiten in Deutschland, Österreich und der Schweiz gebe ich hier mit großer Freude und ganz viel Leidenschaft an dich weiter.

Die eigene Hochzeit bis ins kleinste Detail zu planen, ist wunderbar – denn je individueller und persönlicher euer Hochzeitsfest, desto unvergesslicher wird dieser große Tag für euch zwei und eure Gäste. Es geht um euch, eure Liebe und euer Jawort – um eure einzigartige Hochzeit.

Dafür wünsche ich dir alles Liebe und eine großartige Planungszeit!

Deine Susanne Rademacher

DIE WICHTIGSTEN TERMINE IM ÜBERBLICK

12–18 Monate vorher

Hochzeitskonzept definieren

Tagesablauf überlegen

Trauzeugen bestimmen und fragen

Gästeliste erstellen

Hochzeitsdatum festlegen

Hochzeitslocation buchen

Wichtigste Dienstleister buchen (Hochzeitsfotografen, Videografen, DJ und andere)

Save-the-Date-Karten versenden

6–12 Monate vorher

Weitere Dienstleister buchen (Brautstylist, Dekorateur, Florist und andere)

Eheschließung im Standesamt anmelden

Kirchliche Trauung anmelden

Freien Redner buchen

4–6 Monate vorher

Brautkleid und Hochzeitsanzug aussuchen

Einladungen versenden

Eheringe auswählen

Flitterwochen buchen

Hochzeitsauto aussuchen

2–4 Monate vorher

Tagesablauf im Detail festlegen

Transport organisieren

Ablauf mit Dienstleistern abstimmen

Dekoration planen

Tanzkurs belegen

4–8 Wochen vorher

Probetermin Brautstyling vereinbaren

Details mit Dienstleistern klären

Gastgeschenke und Dekoration konfektionieren

2 Wochen vorher

Sitzordnung festlegen

Papeterie für den Hochzeitstag vorbereiten

Brautkleid und Hochzeitsanzug abholen

Brautschuhe einlaufen

1 Woche vorher

Finale Abstimmung mit der Location

Papeterie, Dekoration und Accessoires für Transport verpacken

Reiseunterlagen und Urlaubsgepäck vorbereiten

Abholung oder Anlieferung des Brautstraußes organisieren

1 Tag vorher

Hochzeitsoutfits bereitlegen oder transportsicher verstauen

Papiere und Eheringe einpacken (lassen)

BRAINSTORMING: HOCHZEITSKONZEPT

Unterstreiche und ergänze hier deine
Vorstellungen und Wünsche.

Die Form eurer Trauung:

standesamtlich, kirchlich, freie Trauung

So möchtet ihr heiraten:

groß mit Familie, Freunden und guten Bekannten, mittelgroß mit Familie und den besten Freunden, im kleinen Kreis, nur zu zweit ...

80-90 Gäste

Eure bevorzugte Saison und Zeit:

Saison: *Sommer*

Wochentag/e: *SA*

Datum: *20.6.2020*

Uhrzeit: *16 Uhr*

Der Ort eurer Hochzeitsfeier:

Scheune, Gutshof, Schloss, botanischer Garten, zu Hause, Weingut, Restaurant, Hotel, Almhütte, Schiff ...

der Geldersbod!
Breitbrunn

Der Ort eurer Trauung:

Standesamt, Außenstelle Standesamt, Kirche, kleine Kapelle, Garten, Strand ...

Terrasse /
Garten

So möchtet ihr
mit euren Gästen
feiern:

inklusive Programm für die
Gäste, Livemusik, DJ …

....

....

modern, außergewöhnlich,
romantisch, exotisch,
minimalistisch, entspannt, kreativ,
DIY, Vintage, Shabby Chic, festlich,
klassisch-elegant, luxuriös …

....

....

reines Weiß, leuchtendes Gelb,
warmes Rot, kühles Blau, trendiges
Mint, frisches Frühlingsgrün, exotisches
Palmgrün, herbstliches Braun, rockiges
Schwarz, pastellfarbenes Pfirsichrosa,
glitzerndes Gold, funkelndes Kupfer …

weiß-grün

....

Sektempfang, Kaffee und
Kuchen, Menü, Büfett,
Mitternachtssnack …

....

....

....

KAPITEL 1

DAS PERFEKTE HOCHZEITSOUTFIT

DEIN TRAUMKLEID

*Beginnen wir mit der wichtigsten Frage: Was ziehe ich bloß
an? Dein Kleid verwandelt dich am Hochzeitsmorgen in
eine Braut. Es macht dich zum strahlenden Mittelpunkt des
ganzen Tages und du sagst darin Ja zu deinem Liebsten.
Was könnte schöner sein?*

DAS IDEALE BRAUTKLEID

Modern, klassisch, romantisch, verspielt, cool, pompös – Brautmoden-
designer aus der ganzen Welt kreieren vielfältige Looks mit kreativen
Schnitten, edlen Spitzen und hochwertigen Stoffen. So findest du genau
das Brautkleid, das zu dir und deinem Stil passt.

Waren vor einigen Jahren fast nur A-Linien-Kleider und pompöse
Modelle im Prinzessinnenstil an Bräuten zu sehen, setzen die Designer
heute vermehrt auf reduziertere, locker geschnittene Brautkleider. Der
schulterfreie Look bekommt dabei zunehmend Konkurrenz von feinen
Spitzenärmeln und zarten Oberteilen, die sich individuell zum Korsa-
genkleid mit fließendem Rock kombinieren lassen. Der Vorteil: In der
Kirche sind die Oberarme bedeckt und die Spitze macht das Brautkleid
wandelbar. Im verspielten Vintage- oder lässigen Bohemian-Stil oder
mit modernen geometrischen Designs gewebt – Spitzenstoffe aller Art
liegen weltweit im Trend. Im deutschsprachigen Raum erobern zudem
luftig-leichte Tüllröcke die Brautmode.

Quick Check

Welches Kleid passt zu deinem Körper?

1   Eine A-Linie betont mit einem eng anliegenden Oberteil das De-kolleté und kaschiert mit einem weit fallenden Rock die Bauch- und Hüftpartie.

2   Bei einem Duchesse-Brautkleid, auch »Prinzessinnenkleid« ge-nannt, wird die enge Korsage durch einen weiten, pompösen Rock ergänzt – dieser erinnert an opulente Ballkleider und wird mit einem Reifrock getragen.

3   Das Design Empire setzt auf eine Taillennaht unterhalb der Brust-partie, die den Stoff locker nach unten fließen lässt. So wird der Schul-ter- und Brustbereich hervorgehoben und der Körper vom Stoff vorteil-haft umspielt. Auch für schwangere Bräute ideal.

4   Schmal geschnittene Brautkleider betonen mit ihrer geraden Linie die Figur und eignen sich hervorragend für schlanke Bräute. Das re-duzierte Design lässt sich gut mit einer kleinen Schleppe kombinieren.

5   Gleiches gilt für Etui-Brautkleider: Der schmale, schnörkellose Schnitt betont die Silhouette und wird am Hochzeitstag meist als bo-denlange Variante getragen.

6   Kleider im Meerjungfrauenstil liegen eng am Körper an und akzen-tuieren die Kurven der Braut, bevor sie ab dem Knie in einen ausgestell-ten »Fishtail« übergehen. Bei der ähnlichen Godet-Form beginnt der Abschluss bereits höher am Bein.

7   Auch als kurzes Brautkleid lassen sich viele dieser Stile tragen. Be-sonders beliebt ist dieser Schnitt für das Standesamt oder als Zweitout-fit für die Hochzeitsfeier. Dabei variieren die Längen vom Minikleid bis zur wadenumspielenden »Tea Length«.

8   Zweiteilermodelle bieten maximale Flexibilität für alle Körperfor-men. So kann ein Oberteil zu einem kurzen oder langen Rock, einem weit fallenden Hosenrock oder einer Hose getragen werden.

Sammle Bilder von Brautkleidern, die dir gut gefallen, zum Beispiel in Magazinen, auf Hochzeitsblogs und anderen Webseiten. Finde drei Details, die dir bei einem Brautkleid wichtig sind. Anhand deiner Favoriten bekommst du schnell ein Gespür dafür, welcher Stil am besten zu dir und eurer Hochzeit passt. Und keine Sorge, du brauchst dir nicht das Wissen einer Schneidermeisterin anzueignen, denn eine erfahrene Brautmodenberaterin wird deine Wünsche verstehen, ganz bestimmt!

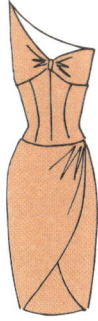

EIN ZWEITES OUTFIT FÜR DAS STANDESAMT

Die standesamtliche Trauung bietet dir die Möglichkeit, in einem ganz anderen Stil zu heiraten und zu feiern als am großen Hochzeitstag: Trendiger Tüllrock zu kurzem Oberteil mit Jeansjacke und Ballerinas für das Standesamt, elegantes Brautkleid mit High Heels für das Jawort in der Kirche und die anschließende Feier – alles kein Problem!

Bekannte Modemarken bringen regelmäßig zum Start der Hochzeitssaison im Frühjahr weiße Kleider in Konfektionsgrößen heraus, die sich ideal als günstiges Modell für die Trauung im Standesamt eignen. Generell gibt es für die Wahl deines Standesamtoutfits keinerlei Vorgaben. Bräute wählen für diesen Termin oft auch farbige Kleider oder Hosenanzüge.

DER RICHTIGE BRAUTMODENSALON

So vielfältig wie die Brautmode an sich, so unterschiedlich sind auch die Geschäfte, die Brautkleider anbieten. Die Inhaber der Brautmodengeschäfte entscheiden individuell, welche Kollektionen und Modelle sie in der nächsten Saison ihren Bräuten anbieten wollen. Daher findest du in keinem Laden die exakt gleiche Auswahl an Brautkleidern, sondern eine persönliche Zusammenstellung, die zum Stil des Geschäfts passt.

Große Brautmodenhäuser bieten ein umfassendes Angebot – hier kannst du dich durch alle Stile, Stoffe und Marken probieren und dich inspirieren lassen. Edle Brautmodensalons führen zumeist eine hochwertige und auf wenige Marken limitierte Auswahl an Braut- und Abendkleidern. Wenn du dich in den Stil eines bestimmten Designers verliebt hast, bist du hier genau richtig.

In Großstädten finden sich oft sehr modern eingerichtete Bridal Concept Stores. Ihre Inhaber haben sich ebenfalls auf wenige Designer spezialisiert, die sich an aktuellen Trends orientieren. Neben den Stars der internationalen Szene und den angesagtesten Modellen findest du hier besondere Accessoires und Hochzeitsdekoration – wie der Name schon sagt, hier hat alles ein Konzept.

Jede Braut träumt von diesem Wow-Moment, in dem sie intuitiv weiß, dass sie ihr Kleid gefunden hat. Falls dich jedoch keines der anprobierten Modelle überzeugen konnte, findest du Hilfe in einem der verträumten kleinen Brautmodenateliers. Hier stehen dir die Designerinnen oder Schneidermeisterinnen persönlich zur Verfügung und schneidern dir ihre Entwürfe ganz nach deinen Vorstellungen auf den Leib. Gerade für Bräute, die aufgrund ihrer Körpergröße und -form spezielle Anforderungen stellen, bietet ein maßgeschneidertes Brautkleid die ideale Lösung.

In allen Brautmodengeschäften gilt: Ein Termin zur Anprobe sollte immer vorab vereinbart werden. So haben die Beraterinnen Zeit für dich und unterstützen dich gerne bei der Suche nach deinem Traumkleid.

EIN TERMIN ZUR ANPROBE

Freue dich, denn beim Anprobetermin dreht sich mehrere Stunden alles nur um dich. Eine Beraterin steht dir dabei zur Seite und bespricht mit dir alle Wünsche rund um dein Traumkleid. Und klar, ein Gläschen Prosecco darf dabei nicht fehlen!

Am liebsten würdest du gleich Hunderte Brautkleider anprobieren, damit du auch das Richtige findest? Oft hilft es, sich auf zwei Brautsalons und auf eine kleinere Auswahl an Brautkleidern zu fokussieren, damit der Anprobetag nicht zu stressig wird. Vertraue bei der Suche nach dem Traumkleid auch den Tipps der Beraterin und probiere Modelle an, die du eher auf der Stange hängen lassen würdest – denn die Profis haben dank jahrelanger Erfahrung oft einen geschulten Blick und das Gespür für den perfekten Schnitt.

Das erste Mal in einem Brautkleid die Umkleidekabine verlassen – ein unbeschreibliches Gefühl! Höre auf dein Bauchgefühl und das Urteil von zwei oder drei nahestehenden Begleiterinnen. Denn beim Brautkleidkauf gilt: Je mehr Meinungen, desto schwieriger die Entscheidung. Wenn aber die Mama und die liebste Freundin gleichzeitig ein Tränchen verdrücken, hat das Modell echte Traumkleidqualitäten. Und keine Sorge, in großer Runde mit den Mädels kannst du drei bis vier Monate später die Abholung deines Brautkleides zelebrieren.

DAS BRAUTKLEIDBUDGET

So vielfältig wie die Kleiderdesigns gestalten sich auch ihre Preise. Dabei kommt es stark darauf an, ob du dich für ein Ready-to-wear-Modell in Konfektionsgröße oder ein maßgeschneidertes Kleid entscheidest. Generell solltest du jedoch mit einem Budget von rund 1.500 Euro für ein langes Modell kalkulieren. Für individuelle Anpassungswünsche kommen weitere Kosten hinzu.

Wundere dich nicht: Inzwischen ist es üblich, dass bereits für die Beratung beim Anprobetermin eine kleine Pauschale berechnet wird. Diese wird später mit dem Kauf verrechnet. Falls du dich im ersten Schritt nur informieren und noch nichts anprobieren möchtest, bieten einige Showrooms dafür spezielle Öffnungszeiten an. Eine Anzahlung des Brautkleides bei Bestellung entspricht dem gängigen Ablauf, der Rest wird bei Abholung beglichen.

Spannend gestalten sich auch sogenannte »Trunk Shows« oder »Designer Days«, spezielle Tage oder Wochen, während denen die Designer ihre Kollektionen persönlich in einem Salon vorstellen oder alle

Kollektionsmodelle eines Labels zur Anprobe bereitstehen – teilweise mit attraktiven Angeboten. Die neuen Kollektionen für die Saison findet man ab Herbst in den Geschäften. Wer also ein Schnäppchen schlagen will, besucht kurz vorher den Brautkleider-Sale!

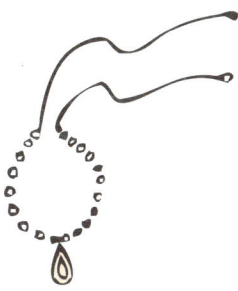

DIE PASSENDEN ACCESSOIRES

Nichts bereitet mehr Freude, als deinem Brautkleid mit den passenden Accessoires den finalen Schliff zu verleihen. Besonders elegant wirkt ein hochwertiger Kopfschmuck als Ergänzung zur Brautfrisur. Erkundige dich gleich beim Anprobetermin nach Accessoires. So kannst du ausprobieren, ob ein edler Schleier oder ein trendiges Headpiece für dich infrage kommt. Der Begriff »Headpiece« umfasst alle modernen Haaraccessoires, die sich mit einem Kamm befestigen lassen. Die klassische Alternative ist der Schleier, der gerade wieder an Beliebtheit gewinnt und in zahlreichen Ausführungen erhältlich ist. Die Länge eines Schleiers richtet sich immer nach der Länge des Brautkleides – und auch das Design sollte natürlich zum Kleid passen. So eignet sich zu einem kurzen Standesamtoutfit zum Beispiel ein angesagter kurzer Birdcage-Schleier.

Zu vielen aktuellen Brautkleidmodellen lassen sich zudem wunderbar Haarbänder und Kränze mit Seidenblüten kombinieren. Wer sich nicht entscheiden möchte, trägt zu Trauung und Sektempfang einen Schleier und tauscht diesen am Abend gegen ein Headpiece aus.

Einige Accessoiredesigner haben sich auf Schmuck spezialisiert, der mit edlen gold- und silberfarbenen Ornamenten aus Kristallen, Perlen und Schmucksteinen das Haar der Braut verschönert. Zu diesen filigranen Kreationen sollte farblich passender Schmuck kombiniert werden. Vielleicht passt ja ein Erbstück der Familie zu deinem Brautoutfit?

Was beim Thema Accessoires nicht vernachlässigt werden darf, ist das Strumpfband. Da es heutzutage keine funktionale Rolle mehr spielt – die Braut trägt entweder eine gut sitzende Strumpfhose oder eben keine – dient es allein der Tradition. Früher verkündete das Zeigen des Strumpfbandes eine erfolgreiche Hochzeitsnacht, später wurde aus dem Strumpfbandwurf das Pendant zum Brautstraußwurf für die männlichen Junggesellen. Wie bei allen Hochzeitstraditionen stellen diese immer eine persönliche Entscheidung dar und sind schon lange kein Muss mehr. Apropos Hochzeitsnacht: Auch bei Dessous hilft dir deine Brautmodenberaterin gerne weiter. Es bietet sich bei einigen Kleiderschnitten an, sich tagsüber für ein perfekt sitzendes Unterteil oder eine Korsage zu entscheiden und zusätzlich für Hochzeitsnacht und Flitterwochen hochwertige Dessous im Fachhandel einzukaufen.

Abzuwägen gilt es auch bei der Handtasche. Natürlich gibt es wunderschöne Clutches und Brauttäschchen, doch am großen Hochzeitstag wirst du die meiste Zeit mit Brautstrauß, einem funkelnden Ring am Finger und einem Traummann im Arm unterwegs sein. Anders beim Gang zum Standesamt: Hier kannst du alle benötigten Dokumente chic in einer Brauttasche verwahren. Idealerweise lässt sich dieses Accessoire perfekt zu beiden Outfits kombinieren und nach der Hochzeit weiterverwenden.

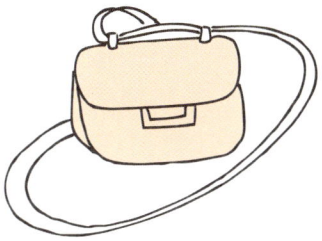

Bei der Wahl deiner Accessoires kannst du dich wunderbar von dem englischen Hochzeitsspruch »Something old, something new, something borrowed, something blue, and a silver sixpence in her shoe« leiten lassen. Etwas Altes, etwas Neues, etwas Geliehenes und etwas Blaues sollen einer Braut am Hochzeitstag Glück bringen. Statt eines unbequemen Centstücks im Schuh kannst du einfach <u>deine unverheirateten Freundinnen auf deiner Schuhsohle unterschreiben lassen – nach türkischem Brauch heiraten diejenigen zuerst, deren Namen am Ende des Abends nicht mehr zu lesen sind.</u> Gerade diese zwei Hochzeitstraditionen erfreuen sich hierzulande immer größerer Beliebtheit.

DIE BRAUTSCHUHE

Die wohl wichtigsten Begleiter am Hochzeitstag: deine Brautschuhe. Ob glitzernde Jimmy Choos für das rauschende Fest, auf die Farben der Deko abgestimmte Pumps oder lässige Zehenstegsandalen für die Strandtrauung – mit dem Konzept eurer Hochzeit gibst du den Stil für

Kleid und Schuhe vor. High Heels, Peeptoes, Ballerinas – deinen Wünschen sind keine Grenzen gesetzt. Allerdings solltest du mit dem Kauf nicht zu lange warten, denn bereits bei der ersten Brautkleidanpassung kommt es auf die Absatzhöhe an. Nur mit dem richtigen Schuh und der genauen Absatzhöhe weiß die Schneiderin, wie viel Stoff sie am Saum des Kleides abtrennen soll.

Viele Brautmodengeschäfte stellen jedoch für die erste Anprobe Schuhe zur Verfügung: Sie führen meist bekannte Marken, die sich teilweise in zahlreichen Tönen einfärben lassen. In Brautmodensalons und Concept Stores findest du ausgewählte Schuhmarken, daneben bietet das Internet eine Fülle an schönen Modellen, die sich als Brautschuhe eignen. Viele Bräute erfüllen sich einen lang gehegten Wunsch und investieren in ihren Traumdesignerschuh. Doch bitte nicht vergessen, die Brautschuhe vor der Hochzeit in den eigenen vier Wänden einzulaufen!

Meine Profitipps

◇ **Das richtige Outfit.** Unkomplizierte Kleidung, aus der du schnell herausschlüpfen kannst, ist das A und O bei der Brautkleidanprobe. Wähle Unterwäsche im Hautton ohne Spitze und auftragende Nähte. Verwende nicht allzu viel Make-up und auch kein aggressives Deo mit Alkohol.

◇ **Sich Zeit lassen.** Der Moment, in dem du dich für dein Brautkleid entscheidest, wird unvergesslich sein! Wenn du dir aber noch nicht ganz sicher bist, überstürze nichts und vereinbare lieber noch einen Alternativtermin. Was hilft: Ganz alleine noch einmal die engere Auswahl anprobieren.

◇ **Meilensteine festhalten.** Der Brautkleidkauf, das erste Hineinschlüpfen in die Brautschuhe – genau diese großen Augenblicke machen die Magie der Hochzeitsplanung aus. Dokumentiere sie mithilfe von Braut-Meilensteinkarten in einem Fototagebuch und verwahre die Bilder später in deinem Wedding-Planer.

EDITOR'S CHOICE

Beliebte Marken

In jedem Brautmagazin und zahlreichen Brautgeschäften sind die Modelle dieser großen Modemarken zu finden:

Ladybird, Niederlande: Für ein Leben voller Glück und Liebe steht diese umfangreiche Auswahl an Brautkleidern. *www.ladybird.nl/de*

La Sposa, Spanien: Diese Kollektion bezaubert durch Romantik und Sinnlichkeit. *www.sanpatrick.com/de/brautkleider/lasposa*

Lilly, Deutschland: Vier Linien mit zahlreichen Modellen sorgen bei jeder Braut für Herzklopfen. *www.lilly.de*

Marylise, Belgien: Brautkleider im Easy Chic Look für moderne Bräute. *www.marylisebridal.com/de*

Pronovias, Spanien: Die abwechslungsreichste Brautkleidkollektion der Welt – von klassisch bis modern. *www.pronovias.com/de*

Internationale Trenddesigner

Vom Geheimtipp zum Trend der aktuellen Saison – diese Designer erobern gerade den deutschsprachigen Markt:

Anna Kara, Polen: Brautkleider mit zeitloser, klassischer Eleganz und doch immer am Puls der Zeit. *www.annakara.com*

Grace Loves Lace, Australien: Lässige Kleider aus feinster französischer Spitze für Free-Spirit-Bräute. *www.graceloveslace.com.au*

Otaduy, Spanien: Inspiriert von Musik, Film und Kunst entstehen einzigARTige Brautkleider. *www.otaduy.co/en*

Rembo Styling, Belgien: Moderner und luxuriöser Boho Chic für coole Bräute. *www.rembo-styling.com/de*

Rue de Seine, Neuseeland: Außergewöhnliche Spitzenkleider für die moderne Boho-Braut. *www.ruedeseine.com*

Deutschsprachige Designer

In Deutschland und Österreich sorgen diese lokalen Designer für zeitgemäße Schnitte und wunderschöne Brautkleider:

elfenkleid, Wien: Moderne und romantische Modelle für Bräute mit individuellen Designvorstellungen. *www.elfenkleid.com*

kisui, Berlin: Romantische Hochzeitskleider für modebewusste Bräute. *www.kisui.de*

küssdiebraut, Mudau: Lässige, authentische Brautmode mit Vintage-Charme. *www.kuessdiebraut.de*

Sina Fischer, Albstadt: Handgemacht, verantwortungsvoll, natürlich, einzigartig und voller »Free Spirit«. *www.sinafischerdesign.de*

Soeur Coeur, Rösrath: Vom Bohemian Look inspirierte Brautkleider mit zarten Spitzen und fließenden Stoffen. *www.soeurcoeur.de*

Bridal Concept Stores

Ausgesuchte Designer, angesagte Accessoires, hippes Ambiente – hier entdecken moderne Bräute Brautkleider am Puls der Zeit:

Elbbraut, Hamburg: Jede Braut findet hier dank einer exklusiven Auswahl das EINE Kleid für sich. *www.elbbraut.de*

Feinstens, Linz: Ein besonderes Anprobeerlebnis, das die Braut, ihr Traumkleid und die Liebe feiert. *www.feinstens.com*

Hey Love, München: Neben Brautkleidern findet man hier Accessoires, Wedding Planning, Stylingberatung und ganz viel Inspiration. *www.hey-love.de*

Seeweiss, Potsdam: Hier kann man Brautkleider von jungen Designern in entspannter Atmosphäre anprobieren. *www.seeweiss.de*

White Concepts, Aachen: Eine feine, unkonventionelle Auswahl an Brautkleidern – aus Liebe zur Mode. *www.white-concepts.de*

Brautmodensalons

Große Designernamen hängen neben Geheimtipps. Expertise und individuelle Beratung wird in diesen Geschäften großgeschrieben:

Edelcorner, Mödling: Hochwertige Brautkleider und Accessoires perfekt auf den Stil der Braut abgestimmt. *www.edelcorner.at*

Jolie, Bruchsal: Hier steht bezaubernde Vintage-Brautmode im Fokus. *www.jolie-bruchsal.de*

Salon, Hamburg: Seit Jahren ein Vorreiter in Sachen moderner Brautlook. *www.salon-hamburg.de*

TARA, Stuttgart: Vom ersten bis zum großen Tag begleitet das Team die Braut und ihr Traumkleid. *www.brautatelier-tara.de*

Victoria Rüsche, Köln: Exklusive Designer in cooler Atmosphäre – auch für kurvige Bräute. *www.victoriaruesche.de*

Experteninterview

Johanne Bossmann & Judith Müller, noni

Brautmodendesignerinnen aus Köln

www.noni-mode.de

Seit über zehn Jahren seid ihr als Brautmodendesignerinnen im Geschäft – welche aktuellen Trends könnt ihr beobachten?

Ganz weit vorne sind fließende Stoffe, Spitze und Rücken-Cut-outs. Der Trend geht weg von konventionellen Brautkleidern und unter anderem hin zu locker sitzenden Zweiteilern. Auch Kleider in hellen Pastelltönen wie Rosa, Grau oder Blau werden immer beliebter. Der klassische Bolero hat ausgedient, jetzt werden Pullover und Maxischals zum Brautrock getragen.

In eurem Onlineshop bietet ihr ausgewählte Brautkleider und Accessoires an. Kann man denn heutzutage ein Brautkleid problemlos online shoppen?

Auch in Sachen Brautmode hat sich das Einkaufsverhalten in den letzten Jahren verändert. Viele Bräute probieren lieber zu Hause in Ruhe ein Kleid an, schlafen eine Nacht darüber und ziehen es am nächsten Tag noch mal an. Die Atmosphäre ist vertraut, man kann so lange schauen, wie man möchte, und ganz auf sein Gefühl hören. Viele Bräute möchten auch nicht quer durchs Land fahren, um ihr Traumkleidlabel anzuprobieren. Zum Glück eignet sich die aktuelle Brautmode, besonders die Zweiteiler, perfekt für den Onlinekauf. In der Regel muss nichts geändert werden und wenn doch, kann man das prima per E-Mail klären.

Worauf sollte eine Braut bei der Suche nach ihrem Traumkleid achten?

Vor einem Anprobetermin sollte sie sich überlegen, welche Kleider ihr gefallen und abklären, ob das Geschäft diesen Stil führt. Wir hören immer wieder von aufgeschwatzten Kleidern, die ganz anders waren, als die Bräute es sich vorgestellt hatten. Im Nachhinein wird ihnen klar, dass es doch nicht ihr Kleid ist. Zurückgeben kann man ein Brautkleid in der Regel nicht. Wenn der Stil also deutlich vom Traumkleid abweicht, sollte die Braut lieber eine Nacht darüber schlafen und sich nicht unter Druck setzen lassen!

Mit Blick auf die Accessoires: Was sollte jede Braut unbedingt zu ihrem Kleid kombinieren?

Unser absolutes Lieblingsaccessoire in diesem Jahr sind Brautpullover. Sie halten warm an kühlen Tagen und sind dabei modern und chic. Ein absoluter Hingucker! Auch in Sachen Brautschuhe hat sich in den letzten Jahren einiges getan. Satinschuhe waren gestern. Inzwischen gibt es Labels wie Rachel Simpson Shoes oder thewhiteribbon, die wunderschöne Brautschuhe herstellen, und das nicht nur in Weiß. So können die Schuhe auch nach der Hochzeit noch getragen werden.

Wie bewahrt die Braut ihr Kleid nach der Hochzeit am besten auf?

In einer Kleiderhülle ist das Kleid gut geschützt und platzsparend aufgehoben. Nicht unbedingt besser, aber sehr hübsch ist es in Brautkleidboxen aufbewahrt. Ideal ist es aber, wenn man das Kleid weiterhin tragen kann. Gerade bei Zweiteilern und farbigen Kleidern ist das wunderbar möglich. So hat man noch lange Freude an diesem besonderen Kleid und nachhaltig ist es auch.

DEIN PERFEKTES STYLING

Ein Lächeln im Gesicht ist der schönste Schmuck der Braut. Doch ein entspannendes Verwöhnprogramm während der Hochzeitsplanung und ein professionelles Styling geben jeder Braut zusätzlich ein gutes Gefühl und verleihen ihr ein strahlendes Aussehen am Hochzeitstag.

DAS BRAUTSTYLING

Sobald feststeht, in welchem Brautkleid du heiraten wirst, kannst du dich mit deiner Wunschfrisur beschäftigen. Offen mit lässigen Beach Waves? Elegant hochgesteckt? Modern geflochten? Deine Ideen besprichst du am besten mit einer Stylistin. Diese ausgebildeten Hair- und Make-up-Profis arbeiten in einem Friseur- und Beautysalon oder als selbstständige Brautstylisten. Das heißt, sie haben sich ausschließlich auf Bräute spezialisiert, sodass sie dich am Hochzeitstag zu Hause, im Hotel oder in der Hochzeitslocation betreuen können.

Im Rahmen eines Probestylings kannst du gemeinsam mit deiner Stylistin etwa acht Wochen vor der Hochzeit deinen kompletten Look entwickeln und ein passendes Haaraccessoire auswählen. Doch Achtung: Nicht jeder Kopfschmuck harmoniert mit jeder Brautfrisur. Edle Schleier erleben gerade ein Comeback, doch sie passen nur bedingt zu offenen Haaren, da ein Schleier immer festen Halt im Haar benötigt, den nur eine Hochsteckfrisur bietet.

DIE HAARACCESSOIRES

Neben einem Schleier steht der modernen Braut eine Vielzahl an Haaraccessoires zur Verfügung, um das Brautoutfit zu komplettieren. Momentan besonders beliebt: echte Blumenkränze für den Bohemian-Stil, Seidenblüten für florale Akzente und filigraner Schmuck mit goldenen und silbernen Details. Und klar, bei einer Prinzessinnenhochzeit im Schloss darf eine stilechte Tiara oder ein Diadem nicht fehlen!

Dein Haaraccessoire sollte unbedingt den Anforderungen des Tages standhalten können. Wähle lieber Seidenblüten für eine Sommerhochzeit, denn diese bleiben länger frisch. Lasse dir feinen Haarschmuck besonders fest einarbeiten, wenn du später auf der Tanzfläche rocken willst. Bitte deine Stylistin, dir zu zeigen, wie du einen Schleier nach dem Abendessen selbst herausnehmen und ein schönes Headpiece befestigen kannst.

DAS GETTING READY

Ein englischer Begriff, der sich in den deutschsprachigen Hochzeitsjargon eingeschlichen hat: Getting Ready. »Sich bereit machen« steht dabei für den kompletten Hochzeitsmorgen, den du nach dem Frühstück mit Styling und Ankleiden verbringst.

Besonders entspannt gestaltet sich das Getting Ready, wenn deine Stylistin am Hochzeitstag zu dir nach Hause oder in euer Hotelzimmer kommt. Alternativ fährt die Braut in den Beautysalon und lässt sich dort vom Profi stylen. Überlege dir vorab, wen du am Hochzeitsmorgen um dich haben möchtest. Nur die Trauzeugin? Alle Frauen der Familie? Deine liebsten Mädels? Diese Stunden im kleinen Kreis sind einfach magisch: Sie verwandeln dich in eine Braut!

Aber auch dein zukünftiger Mann sollte am Hochzeitsmorgen nicht alleine sein. Auch wenn das Styling der Männer viel weniger Zeit in Anspruch nimmt, helfen Trauzeuge und Freunde sicher gerne beim Krawattenbinden und Einstecken der Manschettenknöpfe. Und ein aufmunternder Schulterklopfer auf den chicen Hochzeitsanzug schadet sowieso nicht!

Es lohnt sich, diese besonderen Momente zwischen Braut und Freundinnen, Bräutigam und Kumpels in Bildern festzuhalten. Der Moment, wenn die Mutter den letzten Knopf des Brautkleides schließt. Der Augenblick, wenn der Vater seine Tochter das erste Mal als Braut erblickt. Oder auch liebevoll arrangierte Accessoires wie den Parfümflakon und die Hochzeitspapeterie. Bucht daher euren Hochzeitsfotografen schon für den Morgen, damit er dein Getting Ready begleiten und auch beim Bräutigam vorbeischauen kann.

Meine Profitipps

◇ Beautyauszeit. Gönne dir zwischendurch immer wieder Pflege- und Verwöhntermine als kleine Pause von der Hochzeitsplanung. Lasse dir eine heiße Badewanne ein und träume bei einem wohltuenden Körperpeeling von eurem großen Tag.

◇ Keine Experimente! Kurz vor deinem großen Tag solltest du nicht mehr mit neuen Pflege- oder Anti-Aging-Produkten experimentieren, damit es zu keinen Hautirritationen am Hochzeitstag kommt.

◇ Rundum schön. Spendiere deinen liebsten Mädels und den Frauen deiner Familie doch als Dankeschön für ihre Unterstützung ein Hair- und Make-up-Styling vom Profi.

EDITOR'S CHOICE

Brautstylisten

Diese Hair- und Make-up-Profis verhelfen am Hochzeitstag zum persönlichen Brautlook:

Brideful, Stuttgart: Die Vermittlungsagentur findet für jede Braut die passende Stylistin.
www.brideful-agency.com

Femke Schuh BeautyArts, Hamburg: Die Visagistin sorgt in Norddeutschland für den idealen Brautlook.
www.femkeschuh.de

Hajsajs, München: Mit viel Erfahrung und Kreativität begleitet Zuzanna Grabias ihre Bräute bis zum perfekten Finish. *www.zuzannagrabias.com*

Maskenraum, Köln: Christina Neuss und ihr Team bieten modernes Brautstyling sowohl im eigenen Studio als auch vor Ort an. *www.maskenraum.de*

Schminktante, Karlsruhe: Ganz individuelles Brautstyling, das die Persönlichkeit unterstreicht, ermöglicht Anja Frankenhäuser ihren Bräuten.
www.schminktante.de

Onlineshops für Haaraccessoires

Von der filigranen Seidenblüte bis zum exklusiven Haarschmuck mit Perlen – diese Designer aus Europa bieten die schönsten Accessoires an:

BelleJulie: Haarschmuck und Schleier im sinnlich-eleganten Stil, mit Liebe zu Qualität und Handwerk der Maßschneiderei. *www.bellejulie.de*

Jannie Baltzer: International bekannt und ausgezeichnet für ihren Haarschmuck mit exklusiven Kristallen und Perlen. *www.janniebaltzer.com*

La Chia: Echte Perlen treffen im Haar der Braut auf glitzernde Swarovski-Steine und hauchzarte Porzellanblüten. *www.la-chia.de*

Schönmich: Zeitlos schöner Kopfschmuck für Bräute, die das Besondere lieben. *www.schoenmich.de*

Sibo Designs: Wunderschöner Haarschmuck, edle Schleier und Accessoires im floralen Stil.
www.sibodesigns.com

We Are Flowergirls: Kreative Manufaktur für individuelle handgemachte Blumenkränze.
www.weareflowergirls.com

Couture Headpiece Therese 95r€

DEIN BRAUTSTRAUß

Du siehst dich bereits vor dem Altar ein Ja hauchen? Wunderbar! Aber ein, zwei wichtige Details rund um dein Traumoutfit stehen noch auf unserer Agenda. Als Braut kennzeichnen dich nicht nur ein wunderschönes Kleid und festliches Styling – der Brautstrauß spielt ebenfalls eine große Rolle.

FARBE UND FORM

Ein symbolischer Strauß aus roten Rosen muss es heutzutage nicht mehr sein. Je nach Jahreszeit stehen wunderschöne Blumen zur Auswahl, Farben und Formen lassen sich prima auf euer Hochzeitskonzept abstimmen. Ihr heiratet in einem botanischen Garten und habt ein Hochzeitsthema mit viel Grün ausgesucht? In eurer Hochzeitspapeterie spielen tropisch anmutende Blätter eine Rolle? Du hast eine Blüte gefunden, die der floralen Spitze deines Brautkleides ähnelt? Wenn sich solche Details im Brautstrauß widerspiegeln, runden sie dein Brautoutfit perfekt ab und verleihen deinem Strauß eine ganz persönliche Note.

Ein Florist kann anhand deiner Ideen Vorschläge machen und auch saisonale Alternativen vorstellen. Der Vorteil von Rosen: Sie sind ganzjährig verfügbar und bieten durch ihre Sortenvielfalt eine breite Auswahl an Farben und Formen. Die beliebten, üppig gefüllten Pfingstrosen blühen hingegen nur im Mai und Juni, ähnlich wie Ranunkeln.

Als weitere Frühlingsblumen bieten sich Anemonen und Tulpen an. Die populären Hortensien blühen in den Sommermonaten bis in den Herbst hinein, duftender Lavendel nur von Juni bis September. Dahlien haben im September und Oktober Hochsaison. Zu dieser Zeit steht dir ebenfalls die prächtige südafrikanische Protea zur Verfügung. Gute Nachrichten für alle Eukalyptusfans: Dieser ist ganzjährig in seinem sanften, schimmernden Grün erhältlich und verströmt seinen charakteristischen Duft.

Derzeit besonders beliebt sind neben Eukalyptus grüne Zweige, Farn und Blätter. Gerade für den Vintage-Stil erfreut sich das ganzjährig erhältliche Schleierkraut im Blütenbund großer Beliebtheit. Immer mehr Bräute greifen zu opulenten Sträußen oder locker gesteckten Varianten. Ein Brautstrauß umfasst deutlich mehr Blüten als ein gängiger Blumenstrauß, daher achte auf das entsprechende Gewicht und ob die Größe des Straußes zu deiner eigenen Körpergröße passt – schließlich sollte die Blumenpracht dich als Braut nicht verdecken.

FLORALE EXTRAS

Je exotischer oder ausgefallener deine Blumenwünsche sind, desto mehr Budget solltest du für deinen Brautstrauß einplanen. In der Regel kannst du mit rund 100 Euro rechnen, hinzu kommt der Blumenschmuck für alle wichtigen Personen des Tages.

So wie dich der Brautstrauß schmückt, kennzeichnet eine sogenannte »Boutonniere« deinen Verlobten am Revers als Bräutigam. Sie ist eine Miniaturzusammenstellung der Blumen deines Brautstraußes. Damit sein edler Hochzeitsanzug nicht unnötig durchlöchert wird, fragt beim Floristen nach einem Magnetclip für den Reversstecker. Dieses florale Accessoire könnt ihr beim Floristen zusammen mit dem Braut-strauß bestellen – dein Bräutigam kann dann beides kurzzeitig vor der Trauung abholen.

Eine schöne Idee aus dem englischsprachigen Raum: Die Trauzeu-ginnen und Brautjungfern ebenfalls mit kleinen Sträußen, Blumenkrän-zen oder Blütenarmbändern auszustatten. Wichtige Herren der Hoch-zeitsgesellschaft dürfen ebenso kleine Boutonnieren als Zeichen ihrer Zugehörigkeit zum Bräutigam tragen. Daneben freuen sich Blumen-mädchen über getrocknete Blütenblätter vom Floristen, die sie beim Auszug des Brautpaares verstreuen dürfen.

Meine Profitipps

◇ **Edle Seidenbänder.** Besonders edel wirken Brautsträuße mit flattern-den Seidenbändern, die um die Blumenstiele geschlungen sind. In zahl-reichen Farben sind sie online unter anderem auf *www.seidenband.de* oder *www.pompomyourlife.de* erhältlich.

◇ **Kleiner Wurfstrauß.** Falls du einen Brautstraußwurf planst, bestelle eine kleinere Variante des Straußes beim Floristen mit. So kannst du dich an deinem Original noch einige Tage erfreuen oder den Strauß trocknen.

◇ **Gedenkmedaillon.** Wer verstorbene Angehörige am Hochzeitstag ehren und sie ganz nah bei sich tragen möchte, kann ein kleines Medail-lon mit Bildern am Band des Brautstraußes befestigen.

DAS OUTFIT DES BRÄUTIGAMS

Klar, als Braut bist du der Star des Tages, aber als Paar stehst du mit deinem Liebsten gemeinsam im Mittelpunkt. Umso schöner, wenn sich eure Harmonie auch in euren Outfits widerspiegelt. Zudem gibt der Hochzeitsanzug den Dresscode für den großen Tag vor – und die Hochzeitsgesellschaft freut sich über entsprechende Hinweise zur Kleiderordnung.

DER HOCHZEITSANZUG

Wie elegant und förmlich sich dein Bräutigam kleiden sollte, liegt ganz bei euch und eurem gewählten Hochzeitskonzept. Am meisten Spielraum lässt der klassische Anzug, da er als festliches Outfit sowohl zum Standesamt als auch zur Hochzeitsfeier getragen werden kann. Du siehst deinen Bräutigam in einem edlen Cut, Frack, Stresemann oder Smoking? Hier ist besonderes Augenmerk geboten: Hinter jeder Form steckt ein eigener Dresscode samt verbindlicher Kleiderordnung für die Gäste. Diese hocheleganten Varianten setzen zudem einen Kleidungswechsel im Laufe des Tages voraus.

Bei dem förmlichsten Dresscode »White Tie« trägt der Herr tagsüber einen Cut und wechselt am Abend, ab 18 Uhr, in einen Frack – den festlichsten aller Herrenanzüge. Die Kurzform Cut steht dabei für Cutaway, einem ursprünglich aus England stammendem Gehrock. Seine

Besonderheit: das bis zu den Kniekehlen schräg geschnittene Jackett. Ein Zylinder sollte bei diesem Look auf dem Kopf des Bräutigams nicht fehlen. Zum »großen Gesellschaftsanzug«, dem schwarzen Frack mit langem Schwalbenschwanz, kombiniert der Bräutigam Frackhemd sowie Frackhose mit doppelten seitlichen Galonstreifen und einer weißen Fliege. Die Frackjacke wird traditionell offen und zu schwarzen Lackschuhen getragen. Die Damen der Gesellschaft tauschen Kleid oder Kostüm mit Hut gegen ein bodenlanges Abendkleid ein.

»Black Tie« erfordert tagsüber einen Stresemann-Anzug und am Abend einen Smoking. Nach dem deutschen Politiker Gustav Stresemann benannt, besteht dieser Anzug aus einer gestreiften Hose, weißem Manschettenknopfhemd, Weste und einreihigem Jackett. Die Damen sollten ihr Abendkleid ebenfalls wechseln und sich dem Erscheinungsbild ihrer Begleiter anpassen.

Trägt der Bräutigam am Abend einen einreihigen Smoking, so dürfen Fliege, Kummerbund, Einstecktuch und vor allem schwarze Lackschuhe nicht fehlen. Bei sehr traditionellen Hochzeiten wird ein Smokingjackett auch bei hohen Temperaturen oder zu späterer Stunde nicht ausgezogen. In lockerer Runde besagt ein ungeschriebenes Hochzeitsgesetz hingegen, dass der Bräutigam mit dem Ablegen von Jackett und Krawatte den männlichen Gästen anzeigt, es ihm gleichtun zu dürfen. Für eine entspannte, zugleich elegante Kleiderordnung sorgt der Dresscode »festliche Abendgarderobe«. So ist ein Auftreten der Herren in dunklen Anzügen und der Damen in Cocktailkleidern gewünscht.

Die wohl gängigste Formulierung eines modernen Dresscodes lautet »sommerlich-festlich«. So wissen eure Gäste, dass ihr euch über ihr Erscheinen in einem Anzug mit Krawatte beziehungsweise Cocktailkleid freut und helle Farben und sommerliche Muster erlaubt sind. Bei einer informellen Hochzeitsfeier fordert ihr eure Gäste mit dem Dresscode »Smart Casual« zu einem lockeren, aber dennoch ordentlichen Kleidungsstil auf.

Jeans und Turnschuhe sind auf den meisten Hochzeiten tabu, es sei denn, dieser Look wird explizit gewünscht – beispielsweise weil der Bräutigam zum Hochzeitsanzug außergewöhnliche Sneaker trägt. In Sachen Hochzeitsanzug muss es nicht immer das klassische Schwarz sein, heute stehen insbesondere edle Töne in Royalblau oder Dunkelgrau hoch im Kurs.

DIE MASSANFERTIGUNG

Aktuell erleben Herrenausstatter und Maßkonfektionäre mit einer modernen Ausrichtung ein Revival. In diesen Fachgeschäften kann sich dein Bräutigam den Hochzeitsanzug auf den Leib schneidern lassen. Die Besonderheit: Raffinierte Details wie Stickereien, auffällig gemusterte Innenfutter und versteckte Liebesbotschaften im Kragen sorgen am Hochzeitstag für Überraschungen und schönen Gesprächsstoff.

Zum feierlichen Anlass empfiehlt sich die Wahl eines Hemdes mit Umschlagmanschetten. Ein kleines, aber umso wichtigeres Detail ist die Farbe des Stoffes. Damit der Weiß- oder Cremeton deines Brautkleides mit dem Material seines Oberteils harmoniert, erbitte in deinem Brautmodensalon eine Materialprobe, die dein Liebster zur Anfertigung mitnehmen kann. Der Bräutigam kombiniert zudem eine passende Weste zum Hochzeitsanzug.

DIE HERRENACCESSOIRES

Moderne Varianten von Krawatte und Fliege erfreuen sich immer größerer Beliebtheit und ersetzen den klassischen Plastron, denn die breite
Hochzeitskrawatte mit Perlennadel hat ausgedient. Dabei müssen Krawatte und Fliege nicht immer weiß sein, farblich darf sich der Bräutigam in Anlehnung an eure Hochzeitstöne austoben. Allein Schwarz ist
als Farbe der Trauer bei Krawatten nicht für Hochzeitsfeiern geeignet.

Für überraschende Momente sorgen ausgewählte Details wie farblich passende Socken für den Bräutigam und seine Jungs. Und bitte
nicht vergessen: ein Einstecktuch! Ein beliebtes Geschenk am Morgen
der Hochzeit stellen personalisierte Manschettenknöpfe dar, die die
Braut für ihren Zukünftigen ausgesucht hat. Vielleicht finden sich aber
auch passende Exemplare, mit denen eine schöne Familiengeschichte
verbunden ist.

Genau wie bei der Braut gilt beim Bräutigam: Die Hochzeitsschuhe
sollten das Outfit abrunden und mit dem Hochzeitsanzug harmonieren.
Auch das Einlaufen sollte nicht vergessen werden – legt doch einfach
zusammen im heimischen Wohnzimmer eine heiße Sohle aufs Parkett!

Meine Profitipps

◇ Trauzeugen-Briefing. Wer kennt den Bräutigam genauso gut wie du? Sein »Best Man«. Vor dem ersten Shoppingstreifzug darfst du seinem Trauzeugen ruhig ein kurzes Briefing mit auf den Weg geben: der Stil eurer Hochzeit, der Look deines Brautkleides und die Details, die dir besonders wichtig sind. So kann er deinen Zukünftigen bestens bei der Auswahl des Hochzeitsanzuges unterstützen.

◇ Windsorknoten. Diese Krawattenbindung sollte jeder Bräutigam bereits vor der Hochzeit üben, damit am großen Tag auch alles glatt läuft.

◇ Details festhalten. Auch wenn sie vielleicht nicht sofort ins Auge fallen, so sollte euer Fotograf am Hochzeitsmorgen oder während des Paarshootings die Details seines Hochzeitsoutfits zur Erinnerung festhalten.

EDITOR'S CHOICE

Herrenausstatter

Von jungen Kreativen bis zum Traditionsunternehmen – hier findet dein Bräutigam genau den richtigen Hochzeitsanzug:

Dolzer Maßkonfektionäre, mehrere Filialen in Deutschland: Vom Smoking über den Frack bis zum Hochzeitsanzug – alles nach Maß für den Bräutigam. *www.dolzer.com/man*

Herr von Eden, Hamburg, Berlin, Köln: Anzüge für den modemutigen Bräutigam mit coolem Stil. *www.herrvoneden.com*

Kuhn Maßkonfektion, mehrere Filialen in Deutschland und Österreich: Maßkonfektionierte Dreiteiler für das perfekte Hochzeitsoutfit. *www.kuhn-masskonfektion.com*

Rooks & Rocks, Hamburg, Berlin: Die jungen Rockstars unter den Maßkonfektionären – für moderne Anzugträger. *www.rooks-and-rocks.com*

The Bloke, Düsseldorf: Individuelle Mode nach Maß für echte Kerle. *www.the-bloke.de*

Onlineshops für Herrenaccessoires

Coole Krawatten, angesagte Fliegen, bunte Socken – diese Onlineshops führen eine Vielzahl an Accessoires:

Adam Bows: Die Hamburger Manufaktur fertigt handgemachte Fliegen für Herren und Kinder. *www.adambows.com*

BeWooden: Individuelle Modeaccessoires aus Holz für den Bräutigam. *www.bewooden.de*

Happy Socks: Mit diesen farbenfrohen Socken setzt der Bräutigam ein Design-Statement. *www.happysocks.com*

Mrs Bow Tie: Fliegen, Krawatten, Hosenträger und Manschettenknöpfe in besonderen Farben und mit außergewöhnlichen Mustern – made in Great Britain. *www.mrsbowtie.com*

My Bro Tie: Fliegen aus Vintage-Stoffen, die in Südafrika von Hand hergestellt werden. *www.mybrotie.eu*

EURE EHERINGE

Mit einem funkelnden Verlobungsring fing alles an – als krönender Abschluss wartet nun der gegenseitige Ring-tausch auf euch. Als Zeichen eurer Zugehörigkeit und als immerwährende Erinnerung an euren großen Tag begleiten die Eheringe dich und deinen Mann nach der Hochzeit.

DIE AUSFÜHRUNG

Form, Farbe und Struktur der Eheringe können individuell variieren – sogar selbst geschmiedete Ringe kommen heute immer öfter zum Einsatz. Besondere Wünsche setzen Goldschmiede in kleinen Ateliers für euch um, beim Juwelier findet ihr eine große Auswahl an Kollektionen bekannter Anbieter. Auf jeden Fall solltet ihr euch rund vier bis sechs Monate vor eurer Hochzeit von einem Experten beraten lassen und verschiedene Modelle anprobieren.

Der Preis der Eheringe berechnet sich vor allem nach dem Umfang des verarbeiteten Materials und seines aktuellen Marktpreises – bei einem hohen Goldpreis sind andere Edelmetalle gegebenenfalls eine günstigere Alternative. Für Trauringe wählen Brautpaare neben dem edelsten Metall Platin vor allem Weißgold, Gelbgold, Roségold und Palladium, aber auch Silber oder Edelstahl aus. Schmückende Details wie Brillanten, Diamanten und Edelsteine sowie aufwendige, kunstvolle Designs kommen bei der Gesamtsumme ebenfalls zum Tragen.

Den richtigen Ehering zu finden, ist reine Typsache! Dabei spielt die Hautfarbe eine wichtige Rolle. Geht der eigene Hautton ins Gelblich-Goldene, passt ein Ring in Gelbgold perfekt. Rothaarigen Bräuten steht Roségold gut und kühlere Hauttypen liegen mit Weißgold goldrichtig. An kleinen Händen wirken zarte Ringe eleganter, Männer mit großen Fingern sollten hingegen breitere Ringe auswählen. Dass sich die Oberfläche der Eheringe mit der Zeit abnutzt, solltet ihr bei der Wahl eines polierten, mattierten oder anders bearbeiteten Ringes bedenken. Sollte es dazu kommen, können Juweliere und Goldschmiede eure Trauringe aber wieder auf Hochglanz bringen.

TRADITIONEN RUND UM DIE EHERINGE

Traditionell trägt die frisch verlobte Braut ihren Verlobungsring an der linken Hand, den Ehering steckt ihr der Bräutigam am Hochzeitstag auf den rechten Ringfinger. Dieser deutschen Tradition muss man jedoch nicht zwangsläufig folgen: So tragen beispielsweise die Amerikaner den Ehering an der linken Hand, da sie sich näher am Herzen befindet. Testet einfach, welche Seite sich für den Ehering in eurem Alltag besser anfühlt. Einige Verlobungsringe eignen sich auch als Vorsteckringe und lassen sich mit dem Ehering entsprechend kombinieren.

Vor euren Familien und Freunden werdet ihr euch lebenslange Liebe versprechen. Der Ringwechsel nach dem Jawort markiert dabei den Höhepunkt des Hochzeitstages. Sorgt daher für einen gebührenden Auftritt der Trauringe auf einem Ringkissen. Der Begriff »Ringkissen« steht heute allerdings nur noch symbolisch für eine hübsche Aufbewahrungsmöglichkeit. Ob Glas- oder Holzschachtel, Stickrahmen oder Porzellandose – lasst eurer Fantasie freien Lauf und wählt ein Behältnis aus, das zum Stil eurer Feier passt.

Bestimmt vorab euren Ringträger, der die Eheringe bis zum Jawort sicher verwahrt und euch diese dann auf einem Ringkissen anreicht. Diese Rolle übernimmt zumeist der Trauzeuge des Mannes oder man beauftragt mit dem Überreichen ein kleines Mitglied der Familie – in diesem Fall sollten die Ringe besonders gut befestigt sein.

Meine Profitipps

◇ DIY-Kreationen. Das Ringkissen könnt ihr individuell selbst gestalten oder eine kreative Variante auf Onlinemarktplätzen wie *www.etsy.com/de* oder *de.dawanda.com* bestellen.

◇ Ringsegen. Wer sich im Rahmen einer freien Trauung das Jawort gibt, kann die Gäste um gute Wünsche und Segen für die Eheringe bitten. An einer Kordel wandern die Ringe durch die Reihen – aber Achtung: Bei einer großen Gästeanzahl den Zeitfaktor nicht unterschätzen!

◇ Gravur. Personalisiert eure Eheringe durch eine Gravur. Dabei muss es nicht immer das Datum sein, ein Spruch oder eine bedeutungsvolle Buchstabenkombination erinnern euch auch Jahre später an euren Hochzeitstag.

EDITOR'S CHOICE

Schmuckdesign

Diese Goldschmiedinnen und Schmuck-designerinnen fertigen Eheringe, die genau der Vorstellung des Brautpaares entsprechen – dank Onlineshops und -beratung überall erhältlich:

ANNA Inspiring Jewellery, München, Wien: Individuelle Botschaften der Liebe, auf Wunsch mit Gravur. *www.annaij.com/de*

Brigitte Adolph Jewellery Design, Weingarten: Preisgekrönter Schmuck im Spitzenlook. *www.brigitte-adolph.de*

Fingerglück, Stuttgart: Iris Merkle kreiert bedeutungsvolle Trauringe als lebenslange Begleiter. *www.fingerglueck.de*

Frau Dietel, Berlin: Trauringkurse für Brautpaare, die ihre Ringe selbst schmieden wollen. *www.fraudietel.de*

Manufaktur Michaela Römer, Keltern: Maßgefertigte Traumringe, Ohrringe und Manschettenknöpfe für Brautpaare. *www.michaelaroemer.de*

Yvonne Kurz, Alzenau: Atelier für feine handgefertigte Schmuckstücke. *www.yvonne-kurz.de*

Experteninterview

Sarah Knöller, sarah mia

Schmuckdesignerin aus Tübingen

www.sarahmia.de

Jedem Paar persönlichen Trauschmuck mit auf den Weg zu geben, ist dein Anliegen als Designerin und Goldschmiedin. Wie findet ein Brautpaar die richtigen Ringe?

Im Rahmen einer individuellen Stilberatung. Ich begleite das Paar auf dem Weg zum Wunschring und stehe ihm mit meiner langjährigen Erfahrung beratend zur Seite. Gemeinsam kreieren wir Wunschform-, -breite und -farbe, ausgehend von der sarah-mia-Kollektion. Ich begleite dabei beratend, das Paar soll selbst fühlen und sehen, damit es Formen und Farben begreift. Das Erlebnis mit dem Paar fließt in die Herstellung der Ringe mit ein, da alle meine Ringe von Hand gefertigt werden.

Du arbeitest viel mit wiederaufbereiteten und fair gehandelten Materialien. Welche Edelmetalle empfiehlst du für Eheringe?

Nachhaltig mit unseren Ressourcen umzugehen, finde ich wichtig – schließlich ist Achtsamkeit Bestandteil jeder Beziehung. Welche Goldlegierungen und Materialien für das Paar schön sind, hängt von der Hautfarbe und den Wünschen an die Dauerhaftigkeit ab. Leider gibt es Platin noch nicht in Fair-Trade-Qualität, ich verwende dann wiederaufbereitetes Material. Das kann ich mit gutem Gefühl anbieten, da ich auch anfallende Reste wieder einarbeite.

Verlobungsringe liegen seit einiger Zeit wieder stark im Trend. Gibt es beim Thema Trauringe auch aktuelle Entwicklungen?

Bei der individuellen Beratung entstehen die wunderbarsten und unterschiedlichsten Wunschringe – deshalb gibt es bei mir keinen wirklichen Trend. Der Fokus auf Nachhaltigkeit und bewussten Umgang mit allem, was das Paar umgibt, scheint immer wichtiger zu werden – nicht nur bei den Trauringen, auch bei der Feier, beim Essen und Kleid.

Was sollte die Braut bei der Wahl der Ringform beachten?

Jede Hand ist anders, jede Hand ist schön. Es gibt eine Vielzahl an Möglichkeiten, daher ist eine Beratung so wichtig. Hat der Finger zum Beispiel eine starke Taille, schmeichelt eine Form, die innen Flach ist. Ist der Finger konisch, bietet sich eine Bombierung an, bei der der Ring innen weich abgerundet ist – um hier nur ein paar Beispiele zu nennen.

Und was macht einen Ring besonders?

Das Paar sollte sich unbedingt genügend Zeit für die Auswahl der Ringe nehmen – man trägt sie schließlich jeden Tag und sie transportieren bezaubernde Momente und Erinnerungen an einen besonderen Tag in den Alltag. Die Ringe haben für jedes Paar eine ganz eigene, starke Bedeutung. Zwei Fragen, die ich all meinen Paaren stelle: Warum ist euch dieses Symbol wichtig? Warum wollt ihr Ringe? Eine Kundin schrieb mir einige Zeit nach ihrem großen Tag: »Wenn ich auf meinen Ring schaue, bin ich wieder dort bei meinem Liebsten auf der Burg, mit meinem Kleid ...« – das ist ein Gänsehautmoment für mich.

DEINE BUDGETPLANUNG

Damit du euer Budget stets im Blick hast,
kannst du hier die zu erwartenden Kosten eintragen.

POSITION	KOSTEN
Brautkleid	
Brautschuhe	
Accessoires	
Outfit Standesamt	
Styling/Haare und Make-up	
Haaraccessoires	
Brautstrauß	
Boutonniere	
Outfit Bräutigam	
Eheringe	

POSITION	KOSTEN

DEINE IDEEN

*Hier ist Platz, um deine Gedanken festzuhalten, ein
Mood Board zu erstellen und Inspiration zu sammeln.*

KAPITEL 2

TEAM BRAUT

DEIN KERNTEAM

Mit deinen liebsten Freundinnen die Hochzeit zu planen, bereitet so viel Spaß. Zelebriert die Vorbereitungszeit, erlebt den emotionalen Moment der Brautkleidanprobe, feiert einen ausgelassenen Junggesellinnenabschied, freut euch am Hochzeitsmorgen und rockt gemeinsam die Party!

DEINE TRAUZEUGIN

Wer kennt dich am besten? Wer weiß genau, was du liebst und dir am besten steht? Ob beste Freundin oder Schwester, deine Trauzeugin erfährt als eine der Ersten von eurer Verlobung und begleitet dich durch die gesamte Planungsphase. Sie bewahrt Geheimnisse und Überraschungen, unterstützt dich bei der Organisation und hat immer ein offenes Ohr für dich. Und klar, auch der beste Freund darf deine Trauzeugin sein!

Rechtlich sind heute keine Trauzeugen mehr für eine standesamtliche Trauung notwendig, bei der katholischen Trauung sind sie jedoch Pflicht. Ihr könnt als Brautpaar aber zwei Personen benennen und diese nicht nur als Zeugen in eure Zeremonie, sondern auch in die Hochzeitsorganisation miteinbeziehen.

Doch verwechsle deine Trauzeugin bitte nicht mit einem professionellen Wedding Planner oder Zeremonienmeister! Sie unterstützt dich vielmehr als ehrliche Ratgeberin bei allen schönen Entscheidungen.

Gleichzeitig sorgt eine Trauzeugin für einen Junggesellinnenabschied nach deinen Wünschen und koordiniert gemeinsam mit ihrem Trauzeugenpendant alle Aktionen für den Hochzeitstag. Deshalb solltest du deine Trauzeugin in alle geplanten Überraschungen für eure Gäste einweihen, damit es zu keinen Überschneidungen kommt.

Am Hochzeitstag selbst steht dir deine Trauzeugin die ganze Zeit zur Seite – emotional und als helfende Hand. So kann sie dir beim morgendlichen Ankleiden und mit dem Verwahren des Brautstraußes während der Trauzeremonie einen Freundschaftsdienst leisten, dein Notfallset – bestehend aus Lipgloss oder Lippenstift, Kamm, Deo, Nähset und anderen praktischen Helferlein – stets bereithalten und darauf achten, dass du als Braut immer gut mit Getränken und Essen versorgt wirst.

DIE BRAUTJUNGFERN

Die Brautjungfern ergänzen dein Kernteam für den großen Tag. Hier kannst du wichtige Personen aus deiner Familie und deinem Freundeskreis einbeziehen. Als alter deutscher Brauch, der zwischenzeitlich in Vergessenheit geriet, erleben die aus den USA bekannten »Bridesmaids« gerade ein Revival in der Hochzeitsgesellschaft. Im englischsprachigen Raum fungiert die Trauzeugin als Teamchefin der Brautjungfern.

Ähnlich oder einheitlich gekleidet, begleiten die Brautjungfern eure Trauung und ziehen vor der Braut in die Kirche ein. Wie deine Trauzeugin dürfen sich deine liebsten Mädels bei der Planung des Junggesellinnenabschieds einbringen, im Vorfeld mit dir an der Dekoration feilen und am Hochzeitstag kleinere Aufgaben übernehmen. Das Verteilen von Kirchenheften, Autoschleifen, Seifenblasen oder sogenannten »Wedding Wands« – an einem Holzstiel befestigte Schleifchen und Glöckchen, die zur Begrüßung des Brautpaares in der Luft gewedelt werden – gehört genauso dazu, wie für gute Stimmung auf der Feier und der Tanzfläche zu sorgen.

Auf der Seite des Bräutigams stehen den Brautjungfern nach amerikanischem Vorbild die »Groomsmen«, also seine besten Männer, gegenüber – dabei sollte sich die Zahl der Personen auf beiden Seiten die Waage halten. Je größer eure Hochzeitsgesellschaft ist, desto mehr Mitglieder kann euer Kernteam beinhalten. Dabei gilt wie bei den Trauzeugen: Es gibt kein Muss, euer Team Braut stellt immer eine freiwillige und schöne Ergänzung dar. Die Geste, besonders enge Freunde und Familienangehörige mit in eure Planung einzubeziehen, schätzen diese dafür umso mehr.

DIE BLUMENKINDER

Auch viele kleine Personen freuen sich schon auf eure Hochzeit. Ob die Kinder der besten Freunde oder die Nichten und Neffen der Familie – Blumenkind zu sein, begeistert die Kleinen!

Je jünger die Blumenkinder, desto mehr solltet ihr auch die Erwachsenen einbinden und klären, wann die Blumenkinder ihren großen Auftritt haben, welche Körbe zum Einsatz kommen und wo sie diese vor der Trauung erhalten. Ebenfalls Geschmackssache – wie bei deinen Brautjungfern – sind einheitliche Outfits. Hier solltet ihr vorab unbedingt mit den Eltern Rücksprache halten. Ein niedliches Kleid oder ein Minianzug kann gleichzeitig ein tolles Dankeschön für das jeweilige Blumenkind sein.

Als Streugut kannst du beim Floristen lose Blütenblätter bestellen. Als eine moderne Alternative bietet sich auch großes Konfetti aus Seidenpapier an. Ein wichtiger Punkt: Ihr solltet im Vorfeld unbedingt klären, wer für die Beseitigung der bunten Schnipsel verantwortlich ist. Und falls Kirche oder Location das Verteilen von Blütenblättern nicht gestattet, können Blumenkinder auch Seifenblasen pusten oder mit kleinen Glöckchen klingeln. Das macht mindestens genauso viel Spaß!

DER ZEREMONIENMEISTER

Trauzeugin oder Brautjungfer zu sein und am Hochzeitstag gleichzeitig als Zeremonienmeisterin tätig zu werden, gestaltet sich oft schwierig. Denn wie soll man der Braut beruhigend die Hand halten und parallel den Aufbau der Dekoration überprüfen? Im Idealfall überträgst du die Rolle des Zeremonienmeisters einer weiteren Person – eine gute Aufgabe für durchsetzungsstarke Familienmitglieder oder eine eventerfahrene Arbeitskollegin.

Die Funktion des Zeremonienmeisters ist es, sicherzustellen, dass an eurem Hochzeitstag alles wie geplant abläuft: von der Anlieferung der Blumen über den Aufbau der Dekoration und des Caterings bis hin zum Check der Gästeliste. Bei plötzlich auftretenden Problemen sollte euer Zeremonienmeister mit ruhiger Hand schnelle Lösungsmöglichkeiten finden oder bei schlechtem Wetter in Absprache mit euch den »Plan B« umsetzen können.

Zeremonienmeister zu sein, bringt tatsächlich einige Arbeit am Hochzeitstag mit sich – diese Funktion sollte deshalb keinem Gast oder Mitglied deines Kernteams einfach übergestülpt werden. Viele Hochzeitslocations bieten den Service des Zeremonienmeisters als Bankettmanager mit an. So können eure Trauzeugen im Vorfeld alle wichtigen Punkte, geplanten Aktionen und zeitlichen Fenster mit dem Manager besprechen, damit Küche und Service informiert sind und alles rundläuft. Die schönste Lösung: Ein professioneller Hochzeitsplaner übernimmt für euch am Hochzeitstag den Job des Zeremonienmeisters.

EUER ENGSTES TEAM

Deine Trauzeugin:

NAME: Sasi   KONTAKT:

Deine Brautjungfern:

NAME: Ronja   KONTAKT:

NAME: Corina   KONTAKT:

NAME: Mary   KONTAKT:

NAME: Jana   KONTAKT:

Trauzeuge des Bräutigams:

NAME: Milve   KONTAKT:

Seine Jungs:

NAME: Philip   KONTAKT:

NAME: Tim   KONTAKT:

NAME: Flo   KONTAKT:

NAME: Robin   KONTAKT:

Blumenkinder:

NAME: Sophie + Anna   KONTAKT:

NAME: Anni + Theo   KONTAKT:

NAME: Jakob   KONTAKT:

NAME: Mads   KONTAKT:

Ringträger:

NAME: Toro   KONTAKT:

Zeremonienmeister:

NAME: KONTAKT:

Notizen:

Meine Profitipps

◇ Trauzeugin fragen. Die wohl zweitwichtigste Frage im Leben einer Braut lautet: »Willst du meine Trauzeugin sein?« Mit einer Karte und einem kleinen Überraschungsgeschenk gestaltet sich die Übergabe dieser ehrenhaften Aufgabe besonders schön. ✓

◇ Danke sagen. Nicht nur in eurer Hochzeitsrede solltet ihr euch bei allen Mitgliedern des »Team Bride« und »Team Groom« für ihre Unterstützung bedanken, sondern erfreut eure Lieben doch auch mit kleinen Geschenken und Aufmerksamkeiten.

◇ Erinnerungen schaffen. Nutzt die Gelegenheit, euch an eurem Hochzeitstag mit euren Familien vom Hochzeitsfotografen ablichten zu lassen. Plant beim Shooting auch die Trauzeugen, Brautjungfern und seine Jungs mit ein – gerade spaßige Fotos mit coolen Accessoires oder außergewöhnlichen Gruppenposen werden Andenken für die Ewigkeit!

DEIN JUNGGESELLINNENABSCHIED

Eine der wichtigsten Aufgaben des Team Braut stellt die Planung und Organisation des Junggesellinnenabschieds (JGA) dar. Damit dieser Tag für dich unvergesslich wird, darfst du deiner Trauzeugin genau verraten, wie du ihn am liebsten im Kreise deiner Freundinnen verbringen möchtest.

———————————

DIE VORBEREITUNG

Ein feuchtfröhlicher Abend im Club? Ein ganzes Wochenende mit den liebsten Mädels? Oder eine englische Tea Party mit Freundinnen und Frauen der Familie? Die Zeiten, in denen ein Junggesellinnenabschied automatisch einen Bauchladen, peinliche Aktionen und Kostüme sowie jede Menge Alkohol bedeutete, sind längst vorbei. Heute organisiert die Trauzeugin mit dem Team Braut einen besonderen Tag. Im besten Fall kennst du als Braut weder das konkrete Datum noch die Details der geplanten Überraschungen, denn so kannst du dich noch mehr auf deinen JGA freuen!

Deine Aufgabe bei der Planung des Junggesellinnenabschieds besteht darin, deiner Trauzeugin eine Liste mit Namen, E-Mail-Adressen und Handynummern zu erstellen. Überlege, wen du dabei haben möchtest. Nur die engsten Freundinnen? Liebe Arbeitskolleginnen? In einigen Regionen begleiten auch Mutter, Schwiegermutter und andere weibliche Familienangehörige den JGA der Braut. Doch das liegt ganz bei dir – du bist die Braut und darfst alleine entscheiden, mit wem du den »letzten Tag in Freiheit« feiern möchtest.

Ideal ist es, wenn federführend zwei bis drei durchsetzungsstarke Personen die Planung übernehmen. So müssen Details nicht immer in großer Runde diskutiert werden. Du solltest diesen Personen gegenüber auch klar äußern, wo deine Grenzen liegen und welche Aktionen für dich absolut nicht infrage kommen. Als gute Freundinnen sollten sie deine Wünsche respektieren – aber hey, ein bisschen Nervenkitzel darf natürlich auch dabei sein!

Mit Sicherheit arbeitet dein Team Braut in Sachen JGA konspirativ mit deinem Bräutigam zusammen. Gewähre deinem Liebsten daher ruhig Einblick in deinen Kalender oder weise ihn auf Termine hin, die sich nicht verschieben lassen. Erfahrungsgemäß gibt es in den letzten zwei Wochen vor eurer Hochzeit noch so viel zu tun, dass es ratsam ist, diese Wochenenden für den JGA zu sperren.

SCHÖNE IDEEN FÜR DEN JGA

Es ist völlig legitim, mit einem Bauchladen über den Hamburger Kiez zu ziehen und eine ordentliche Party zu feiern, aber auch, den Tag ganz ruhig und entspannt anzugehen. Besonders beliebt sind momentan Aktivitäten, bei denen sich das gesamte Team Braut besser kennenlernen kann.

Ein gemeinsames Picknick, eine Stadtführung, ein Cupcake- oder Cake-Pop-Workshop, Porzellanmalerei oder eine Kalligrafiestunde, ein professionelles Fotoshooting, ein Kochkurs, eine Pole Dance oder Burlesque Session – gerade in Großstädten bieten sich vielfältige Möglichkeiten an, einen schönen Tag miteinander zu verbringen. Aber auch auf dem Dorf lässt sich ein JGA prima umsetzen – zum Beispiel mit einem gemeinsamen Essen beim Italiener, einer Schnitzeljagd oder einer Verwöhnbehandlung im Beautysalon.

Auch ein Wochenendtrip mit deinen Mädels ist ein unvergessliches Erlebnis für deinen JGA, dessen Umsetzung allerdings stark vom verfügbaren Budget abhängt. Für einen JGA-Tag sind schnell zwischen 50 und 100 Euro pro Person ausgegeben, ein Reisebudget läge deutlich höher und wäre vorab mit allen Teilnehmerinnen zu besprechen. Dein Anteil kommt für alle obendrauf, denn es ist üblich, dass die Braut zu Beginn des JGA Handy und Portemonnaie abgibt und das Team Braut für sie bezahlt.

Meine Profitipps

◇ **Erinnerungen auf einen Klick.** Sicherlich denken deine Freundinnen daran, deinen JGA in vielen lustigen Bildern festzuhalten. Besonders cool und für jeden gleich zum Mitnehmen sind Polaroids – packt einfach eine Sofortbildkamera ein!

◇ **Bridal Shower.** Eine Alternative zum JGA ist die Brautparty, die mit allen Freundinnen und Frauen der Familie im Rahmen eines Kaffeetrinkens meist in den eigenen vier Wänden der Braut stattfindet. Die Gäste beschenken die Braut, lernen sich untereinander kennen und können in aller Ruhe über die Hochzeitsplanung fachsimpeln.

◇ **Der JGA deines Bräutigams.** Erkundige dich ruhig beim Trauzeugen deines zukünftigen Mannes, wie du die Planung der Jungs unterstützen kannst. Schließlich soll sein JGA ja auch eine schöne Überraschung werden, bei der du sicherlich helfen kannst.

DEINE BUDGETPLANUNG

Damit du euer Budget stets im Blick hast,
kannst du hier die zu erwartenden Kosten eintragen.

POSITION	KOSTEN
Geschenke für Trauzeugen	
Geschenke für Brautjungfern und seine Jungs	
Geschenke und Outfits für Blumenkinder	
Geschenk für Ringträger	
Geschenk für Zeremonienmeister	
Blumen für Trauzeugin und Brautjungfern	
Streugut für Blumenkinder	

POSITION	KOSTEN

DEINE IDEEN

Hier ist Platz, um deine Gedanken festzuhalten, ein
Mood Board zu erstellen und Inspiration zu sammeln.

JGA   - Wochenende

Joris - Amsterdam

Corrie - Ibiza

Sprichst du Hochzeit?

Englische Begriffe rund ums Heiraten und ihre Bedeutungen

After Wedding Shooting: **Am** Hochzeitstag regnet es oder es bleibt nicht genug Zeit für schöne Bilder? Kein Problem, denn bei einem Fototermin nach der Hochzeit könnt ihr euch noch einmal in Brautkleid und Hochzeitsanzug ablichten lassen.

Cake Topper: **Ein Stecker für die** Hochzeitstorte, der auf der obersten Etage platziert wird. Dabei kann es sich um einen Schriftzug, eine Girlande oder kleine Figuren handeln.

Candy Bar: **Eine süße Angele-**genheit für die Hochzeitsgäste. An dieser Bar gibt es Bonbons, Süßigkeiten und andere Leckereien, die im Laufe des Hochzeitstages sogleich verzehrt oder in kleinen Tütchen mitgenommen werden können.

Destination Wedding: **Das Braut-**paar feiert die Hochzeit samt Gästen in einem anderen Land.

Elopement: **Braut und Bräutigam** entscheiden, heimlich und nur zu zweit zu heiraten. Dabei muss die Hochzeit nicht unbedingt im Ausland stattfinden, das Brautpaar kann auch schnell und leise in der eigenen Stadt ehelichen.

Engagement Shooting: **Wer** seine Verlobung ganz offiziell bekannt geben möchte, kann mit einem Hochzeitsfotografen romantische Momente als frisch verlobtes Paar festhalten. Diese Bilder eignen sich auch wunderbar für die Hochzeitspapeterie.

Mini-Moon: Angelehnt an den Begriff »Honeymoon« ist hier ein kürzerer Zeitraum gemeint, in dem das Brautpaar nach der Hochzeit verreist. Beliebt sind Städtetrips oder ein Aufenthalt in einem Wellnesshotel.

Mood Board: Eine Collage in digitaler oder haptischer Form, die mit gesammelten Bildern, Mustern und Produktbeispielen eine Idee visualisiert. Ideal geeignet, um das Hochzeitskonzept zu finden oder seine Vorstellungen rund um das Brautkleid festzuhalten.

Photo Booth: Eine mobile Station, an der sich Brautpaar und Gäste mit lustigen Accessoires fotografieren lassen können – hierzulande auch als Fotobox bekannt.

Save the Date: »Haltet euch diesen Tag frei« – per Post oder E-Mail versendet das Brautpaar eine kurze Ankündigung des geplanten Hochzeitstermins.

Weitere Details folgen rund vier Monate vor der Hochzeit in der Einladung.

Sweet Candy Table: Bitte nicht mit der Candy Bar verwechseln! Sweet Candy Table bezeichnet einen Tisch, der neben der Hochzeitstorte zahlreiche Kuchenköstlichkeiten anbietet. Dieser zählt zu den visuellen Highlights am Nachmittag, da er sich meist an den Hochzeitsfarben orientiert.

Wedding Blues: Die Hochzeit ist gefeiert, der Honeymoon genossen, die Dankeskarten geschrieben – nach der monatelangen Hochzeitsplanung hält der Alltag wieder Einzug. So manche Braut erlebt dann den Wedding Blues als Phase des Abschiednehmens vom Thema Hochzeit.

KAPITEL 3

DIE GÄSTE

EURE GÄSTELISTE

Mit geliebten Menschen das Jawort zu zelebrieren, gemeinsam zu lachen, zu weinen, zu feiern – eure Gäste machen den Hochzeitstag zu einem ganz besonderen Erlebnis. Doch gerade beim Thema Gästeliste gilt es, einige heikle Situationen zu umschiffen, das Budget im Auge zu behalten und die Einladungen rechtzeitig zu versenden.

DIE A-B-C-LISTE

Einige wichtige Personen hast du bereits im Team Braut benannt – nun ist es Zeit, gemeinsam mit deinem Liebsten zu überlegen, mit wem ihr eure Hochzeit feiern möchtet. Am besten notiert ihr euch unabhängig voneinander und ohne langes Überlegen alle Namen, die euch spontan einfallen – Familie und Freunde sowie Arbeitskollegen, Nachbarn und Vereinsmitglieder. So bekommt ihr einen Überblick über die mögliche Gesamtanzahl aller Personen.

Dann folgt der große Zahlencheck, denn oft liegt die Personenanzahl aus dem ersten Brainstorming weit über der anvisierten Größe der Hochzeitsgesellschaft. Ein wichtiger Punkt: Die Anzahl der Gäste definiert die Höhe eures Hochzeitsbudgets! Denn üblicherweise berechnen Locations und Caterer eine Pro-Kopf-Pauschale für jeden Gast. Pro Person kommen weitere Kosten für Papeterieelemente, Gastgeschenke und gegebenenfalls für Transport und Übernachtung hinzu. Ein Beispiel:

Beläuft sich die Essens- und Getränkepauschale pro Gast auf 100 Euro, liegt euer Teilbudget mit 100 Gästen bei 10.000 Euro. Plant ihr pro Gast zusätzliche Ausgaben mit rund 20 Euro ein, landet ihr bei 12.000 Euro. Reduziert ihr auf 60 Gäste, beträgt das Budget hingegen 7.200 Euro. Nicht vergessen: Weitere Ausgaben wie Brautkleid, Eheringe und Dekoration kommen zu diesen Pauschalkosten hinzu. Wenn ihr also mit einem festen Hochzeitsbudget kalkulieren wollt, solltet ihr eine Maximalanzahl der Gäste festlegen.

Dabei hilft eine Aufteilung eurer Wunschgäste in drei Kategorien: In der A-Liste vereint ihr eure engste Familie mit Eltern, Geschwistern und Großeltern sowie Trauzeugen und liebsten Freunde – alle, die unbedingt dabei sein müssen. Auf der B-Liste folgen weitere Verwandte und Freunde. Arbeitskollegen, Nachbarn und Vereinsmitglieder sowie lockere Bekannte oder Freunde aus früheren Zeiten finden sich auf der C-Liste ein.

Besprecht zudem die Wünsche eurer Eltern – hier ist diplomatisches Geschick erforderlich, um deutlich zu machen, dass wichtige Personen aus ihrem Leben nicht zwangsläufig für euch eine große Rolle spielen. Sollten eure Eltern jedoch einen Großteil der Hochzeit bezahlen, dürfen ihre Wunschgäste nicht auf der Gästeliste fehlen.

Sobald ihr das Budget festgelegt habt, das passende Datum und eine Location gefunden sind, gilt es, die Gästeliste zu finalisieren. Die vom Budget vorgegebene Anzahl an Gästen füllt ihr nun zuerst mit der A-, dann mit der B-Liste auf. Falls sich dann noch Platz findet, ergänzt ihr Personen aus eurer C-Liste.

Damit auch möglichst viele eurer Wunschgäste an der Hochzeit teilnehmen, lohnt es sich, vorab ein sogenanntes »Save the Date« zu verschicken. Allerdings solltet ihr diese erste Hochzeitsankündigung wirklich nur an die Personen senden, die auf der engeren Gästeliste stehen. Falls bereits lange vor der Hochzeit Familienmitglieder und Freunde aus Termingründen absagen, könnt ihr Personen von der B- beziehungsweise C-Liste nachrücken lassen, die so idealerweise gar nicht bemerken, dass sie zunächst nicht eingeplant waren.

RSVP – UM ANTWORT WIRD GEBETEN

Erkundigt euch frühzeitig, bis <u>wann man in eurer Feierlocation die finale Personenzahl benötigt</u>. Da Gäste erfahrungsgemäß sofort nach Eintreffen einer Einladung oder erst nach konkreter Rückfrage ihr Kommen bestätigen, plant am besten einen <u>zeitlichen Puffer bis zu diesem Termin</u> ein.

In eurer Hochzeitseinladung sollte ein Hinweis vermerkt sein, bis wann ihr spätestens eine Rückmeldung benötigt. Mit dem internationalen Kürzel »RSVP« bittet ihr um Antwort. Statt »<u>répondez s'il vous plaît</u>« könnt ihr auch die deutsche Variante »um Antwort wird gebeten« verwenden – zum Beispiel: U. A. w. g. bis zum 1. Juni 2019.

Besonders charmant gestaltet sich die Bitte um eine Rückmeldung, indem ihr eine spezielle Antwortpostkarte eurer Hochzeitseinladung beilegt. Auf dieser können eure Gäste zudem besondere Essenswünsche vermerken oder weitere von euch benötigte Angaben notieren. Der Moment, in dem die ersten Antwortkarten in eurem Briefkasten landen, ist grandios!

Meine Profitipps

◇ Adressbuch aktualisieren. In Zeiten von Messengerdiensten kommt es vor, dass Post- und E-Mail-Adressen selten gebraucht werden und somit schnell veralten. Recherchiert daher frühzeitig die aktuellen Daten eurer Gäste.

◇ Digitale Liste anlegen. Legt eure Gästeliste als übersichtliches digitales Dokument an, in dem ihr Anschriften und E-Mail-Adressen sowie weitere Daten vermerkt. So könnt ihr später ganz einfach Zu- und Absagen sowie besondere Wünsche und Anmerkungen zu Hotelübernachtungen, Transfer, Geschenken und Dankeskarten eintragen.

◇ Plus eins einladen. Auch wenn enge Freunde seit Jahren eingefleischte Singles sind, kann sich das schnell ändern. Plant deshalb lieber einen zusätzlichen Platz ein, falls bis zum Zeitpunkt eurer Hochzeit ein neuer Lebenspartner im Spiel sein sollte.

DIE HOCHZEITSPAPETERIE

Die Hochzeitspapeterie spielt für eure Gäste eine große Rolle: Sie liefert die wichtigsten Informationen auf der Save-the-Date-Karte und stimmt mit der Einladung auf den großen Tag ein. Am Hochzeitstag hilft sie den Gästen, schnell ihre Plätze zu finden und informiert über Speisen und Getränke sowie andere Überraschungen. Auch die Dankeskarte nach der Hochzeit darf natürlich nicht fehlen.

DAS DESIGN

Gibt es Farben, die an eurem Hochzeitstag immer wieder vorkommen sollen? Gefallen euch bestimmte Schriftarten besonders gut? Oder möchtet ihr ein individuelles Logo mit euren Namen anfertigen lassen? Ein stimmiges Design eurer Hochzeitspapeterie verleiht allen Drucksachen rund um eure Hochzeit eine ganz persönliche Note. Gleichzeitig verrät der Look von Save-the-Date-Karte und Einladung euren Gästen bereits den Stil und das Farbkonzept eurer Feier. Gerade besonders beliebt: Einladungen im Kalligrafie- und Handlettering-Stil, Karten mit floralen Motiven und grünen Blättern sowie Papiere mit edlen Metallic-Akzenten auf pastellfarbenem Untergrund.

Wer die Hochzeitspapeterie nicht selbst gestalten möchte, findet im Sortiment zahlreicher Onlineanbieter eine große Auswahl an Papeterie-sets. Diese Vorlagen lassen sich ganz nach euren Wünschen anpassen.

Besonders praktisch: Neben Einladung und Save the Date enthalten die Sets weitere Vorlagen für Kirchen- und Programmhefte, Menükarten, Namensschilder und Dankeskarten und können bei Bedarf später bestellt werden.

Exklusive Veredelungen wie Kalligrafie, Letterpress-Druck, Goldfolie oder filigrane Lasercut-Details verleihen eurer Einladung eine edle Optik und sorgen für ein haptisches Erlebnis. Diese und weitere Wünsche könnt ihr bei einem Designer in Auftrag geben, der individuelle Hochzeitspapeterie für euch kreiert. Hierfür muss natürlich ein höheres Papeteriebudget einkalkuliert werden, der Wow-Effekt auf der Hochzeit ist dafür aber garantiert!

SAVE THE DATE

Zahlreiche Details rund um euren Hochzeitstag ergeben sich erst im späteren Verlauf eurer Vorbereitungen. Da aber viele Menschen bereits weit im Voraus Termine planen, empfiehlt es sich, eure Hochzeitsfeier noch vor der eigentlichen Einladung anzukündigen. So können sich eure Gäste das Hochzeitsdatum frei halten und mit Sicherheit an eurer Feier teilnehmen.

In Sachen Papeterie ist die Save-the-Date-Karte der erste Kontakt eurer Gäste mit eurer Hochzeit. Eine schöne Möglichkeit, um das Save the Date zu kommunizieren, ist eine Postkarte mit euren Namen, dem Datum und Ort der Hochzeit sowie einem kurzen Hinweis, dass weitere Informationen mit der Einladung folgen. Alternativ können personalisierte Onlinekarten versendet werden, im Zweifel erfüllt auch eine E-Mail oder eine andere digitale Nachricht ihren Zweck.

Der ideale Zeitpunkt, um ein Save the Date zu versenden? So früh wie möglich! Beginnt eure Planung schon weit im Voraus, könnt ihr die Information bereits 12 bis 18 Monate vor eurer Hochzeit versenden. Spätestens sechs Monate vorher sollte die Gäste ein Save the Date erreichen – ansonsten formuliert lieber direkt alle Details in eurer Einladung. Und so könnte eine Save-the-Date-Karte aussehen:

DIE HOCHZEITSEINLADUNG

Rund vier bis sechs Monate vor eurer Hochzeit solltet ihr eure Einladungen auf die Reise schicken. An eurem großen Tag teilhaben zu dürfen, Details über eure Planung zu erfahren und die Vorfreude zu genießen – all das erfreut eure Gäste. Doch denkt daran: Je detaillierter die Hochzeitseinladung formuliert ist, desto besser wissen eure Gäste, was sie erwartet, und euch erreichen weniger Rückfragen.

Zu den wichtigsten Informationen auf einer Einladung zählen eure vollständigen Namen, das Hochzeitsdatum sowie ein konkreter Tagesablauf mit Uhrzeit – wann beginnen Trauung, Sektempfang, Dinner und Feier am Abend? Wechselt ihr an eurem Hochzeitstag zwischendurch die Location, gebt die entsprechenden Adressen und Parkmöglichkeiten mit an. Falls ihr längere Pausen oder Aktivitäten für die Hochzeitsgesellschaft plant, dürfen diese auch schon in der Einladung angekündigt werden. Und nicht vergessen: der gewünschte Dresscode sowie die Kontaktdaten der Trauzeugen.

Schreibstil und Aufmachung eurer Einladung dürfen sich ruhig an eurem Hochzeitskonzept orientieren. Feiert ihr eine elegante Schlosshochzeit, formuliert den Einladungstext entsprechend förmlich. Plant ihr eine lockere Scheunenparty, verwendet Symbole und kreative Beschreibungen für euren Tagesablauf.

Quick Check

———

Die wichtigsten Punkte für euren Einladungstext

◇ »Hochzeitseinladung« oder eine ähnliche Formulierung wie »Wir laden zur Hochzeit ein«

◇ Eure Vornamen

◇ Datum mit Wochentag, Monat und Jahr

◇ Trauspruch oder Zitat

◇ Ort der Trauung und der Feier mit Adresse

◇ Tagesprogramm mit Uhrzeiten

◇ Anfahrtsbeschreibung

◇ Hinweis auf Übernachtungsmöglichkeiten und Transport

◇ Dresscode

◇ Geschenkewünsche

◇ Kontaktdaten der Trauzeugen

◇ Datum für eine Rückmeldung

◇ Eure vollständigen Namen sowie Kontaktdaten

So könnte ein Text für eure Einladung aussehen:

Einladung

Mia & Ben laden herzlich ein zu Hochzeit und Tanzvergnügen
am Samstag, dem 17. August 2019

15:00 UHR Freie Trauung mit anschließendem Sektempfang
16:30 UHR Kaffee und Hochzeitstorte
19:00 UHR Hochzeitsbarbecue
21:00 UHR Tanzvergnügen

auf Gut Lebensglück in Hamburg, Liebesweg 2,
www.gut-lebensglueck.de.

Bis zum 20. Mai haben wir ein Übernachtungskontingent auf
Gut Lebensglück für euch reserviert. Bitte wendet euch an unsere
Trauzeugen **Lisa** und **Max**: lisa@dietrauzeugin.de,
max@dertrauzeuge.de.

Wir freuen uns über ein sommerlich-festliches Outfit.

Für unsere kleinen Gäste organisieren wir gerne einen Babysitter.
Gastbeiträge müssen vorab durch den Trauzeugen-TÜV.

Wir freuen uns über einen Beitrag für die Hochzeitskasse.

Rückmeldung bitte bis zum 20. Mai 2019 an:
Mia Braut und Ben Bräutigam
Hochzeitsweg 12
20357 Hamburg
hochzeit@hochzeitmiaundben.de

Aktuell sehr beliebt: Pocketfold-Einladungen. Ein gefalteter Umschlag beinhaltet mehrere hineingesteckte Karten und bietet viel Raum für alle Informationen zu eurer Hochzeit. Falls der Platz auf eurem Kartendesign jedoch begrenzt ist, könnt ihr auf eine eigene Hochzeitswebseite ausweichen, die sich ganz einfach bei Anbietern wie *www.weddybird.com* oder *www.jimdo.de* erstellen lässt. Passwortgeschützt finden eure Familien und Freunde dort alle Details zu Übernachtungsmöglichkeiten, Anreise, Transfer, Geschenkewünschen und mehr.

In einigen Regionen ist ein Polterabend vor der Hochzeit fester Bestandteil des Programms. Zu diesem lockeren Event lädt man traditionell alle Gäste ein, damit diese mit dem Zerbrechen von altem Porzellan und Steingut dem Brautpaar viel Glück für den gemeinsamen Lebensweg wünschen können. Daneben dürfen alle Personen erscheinen, die von diesem Termin wissen. Eine besondere Form der Einladung ist dafür nicht notwendig. Ihr könnt wie zu einer normalen Party per Anruf, E-Mail, WhatsApp oder Facebook-Event einladen.

DAS KIRCHEN- UND PROGRAMMHEFT

Eure Trauzeremonie ist der absolute Höhepunkt des Tages – ihr sagt endlich »Ja« zueinander! Sowohl eine kirchliche als auch eine weltliche, freie Trauung nimmt in der Regel rund eine Stunde Zeit ein. Eure Hochzeitsgäste mit einem Kirchen- oder Programmheft über den Ablauf zu informieren, hat Stil und gibt der Gesellschaft einen schönen Leitfaden rund um eure Eheversprechen.

Darin solltet ihr eure Namen, das Datum und den Trauort vermerken. Danach folgen die einzelnen Programmpunkte wie Ein- und

Auszug der Braut beziehungsweise des Brautpaares mit den Blumenkindern und Brautjungfern, das Jawort, Lesungen und Lieder. Alle an der Zeremonie Beteiligten wie Pastor, Familienmitglieder und Freunde sowie Sänger und Musiker dürft ihr ebenfalls aufführen.

Sofern ihr euch vor der Kirche eine Begrüßung durch eure Gäste wünscht – beispielsweise mit einem Konfettiregen oder einem Spalier –, sollte der Vermerk am Ende des Programmes nicht fehlen, dass die Hochzeitsgesellschaft vor dem Brautpaar aus der Kirche ziehen darf. Bei einer freien Trauung auf einer Wiese oder in einem Saal bietet es sich an, dass das Brautpaar hinter den Blumenkindern durch die Gästereihen zu einem vorab definierten Platz schreitet, wo sogleich Gratulationen und Sektempfang stattfinden können.

DER SITZPLAN

Ein Detail, das eure Gäste am meisten interessiert: die Sitzordnung. Wo sitze ich? Wen kenne ich bereits am Tisch? Wo sitzen andere Freunde? Mit einem übersichtlichen Sitzplan klärt ihr diese Fragen sofort. Dieser Plan sollte sich an einem gut sichtbaren Ort vor der Tür des noch geschlossenen Festsaales befinden.

Dabei könnt ihr eurer Fantasie freien Lauf lassen und den Tischen Nummern zuweisen oder kreative Namen von Städten, Blumen oder bekannten Liebespaaren. Auf dem Sitzplan tragt ihr unter jedem Tisch die entsprechende Personenanzahl sowie die Namen der Gäste ein.

DIE TISCH- UND MENÜKARTEN

Mit Tisch- und Namenskarten weist ihr euren Gästen konkrete Plätze zu. Idealerweise korrespondiert ihr Design mit dem Gesamtkonzept eurer Hochzeitspapeterie, denn ein rundum stimmiger Look ist einfach am schönsten. Dabei sollte die Nummer oder der Name des Tisches auf einer Tischkarte gut sichtbar platziert sein. Eine nette Idee: Befestigt kleine Gastgeschenke an den Namensschildern der eingedeckten Tische.

Wenn ihr an den Tischen Paare und Singles aus verschiedenen Freundeskreisen und Lebensphasen miteinander bekannt machen wollt, könnt ihr auf den Tisch- oder Namenskarten lustige Stichwörter für eine Runde Smalltalk hinterlassen.

Auch die Menükarten dienen nicht nur der reinen Information, sondern eignen sich als guter Anknüpfungspunkt für ein Gespräch unter Tischnachbarn. Wenn ihr euch für ein klassisch-elegantes Menü entschieden habt, listet ihr die Reihenfolge der Gänge mit den jeweiligen Speisen und korrespondierenden Weinen auf. Sofern ihr einen Aperitif und Digestif anbietet, vermerkt dies ebenfalls auf der Menükarte. Alternativ solltet ihr auf einer Speise- und Getränkekarte alle Bestandteile eines Büfetts und des Getränkeangebots benennen. So bietet ihr euren Gästen einen guten Überblick über das kulinarische Angebot des Abends.

DIE DANKESKARTEN

Eure Dankeskarten könnt ihr später mit einem Hochzeitspaarfoto von euch bestücken. Da euch sicherlich viele Menschen zur Hochzeit gratulieren und etwas schenken werden, die nicht auf der Feier zu Gast waren, plant eine höhere Anzahl an Dankeskarten für euren Versand ein. Und wenn du nach dem großen Tag noch einmal ganz und gar in das Hochzeitsthema abtauchen möchtest, bastle die Dankeskarten doch einfach selbst als DIY-Projekt.

DAS GÄSTEBUCH

Ein passendes Gästebuch darf an eurem Hochzeitstag nicht fehlen. Darin ist nicht nur Platz für Fotos und Schnappschüsse, sondern auch für schöne Erinnerungen und Anekdoten. Neben einem klassischen Gästealbum mit leeren Seiten für gute Wünsche findet man heute schöne, moderne Varianten mit witzig gestalteten Fragen und kleinen Aufgaben für die Gäste. Kreative Bräute punkten mit DIY-Ideen: Gästebücher entstehen dabei aus Sofortbildern mit Fragebögen, Puzzlestücken oder Jenga-Holzspielzeugsteinen, als Endlosbrief mit einer Retroschreibmaschine oder Gute-Wünsche-Sammlung in alten Weinflaschen.

Positioniert das Gästebuch an einer prominenten Stelle, die von allen Gästen im Laufe des Tages passiert wird. Im Idealfall benennt ihr eine Person, die einen Blick darauf hat, dass sich die Seiten füllen und am Ende des Hochzeitsabends niemand darin fehlt.

Meine Profitipps

◇ **Individuelle Details.** Farbige Umschläge, individuelle Briefmarken, Logostempel, süße Aufkleber oder farbiges Garn – verleiht eurer Hochzeitspapeterie eine kreative persönliche Note.

◇ **Extraeinladungen.** Bestellt mehr Einladungen, als ihr benötigt. So könnt ihr euch einige Exemplare zur Erinnerung in eure Hochzeitsbox legen, seid aber gleichzeitig auf der sicheren Seite, falls eine Einladung nachgesandt werden muss.

◇ **Für Freudentränchen.** Legt den Kirchen- oder Programmheften ein Taschentuch bei – so können Familie und Freunde schnell die Tränen der Rührung trocknen.

EDITOR'S CHOICE

Papeterieanbieter online

Hier findet ihr wunderschöne Design-vorlagen für eure Hochzeitspapeterie:

cariñokarten: Hochzeitskarten einfach und individuell. *www.carinokarten.de*

Cotton Bird: Außergewöhnliche Kartendesigns für festliche Anlässe. *www.cottonbird.de*

Herzlichst: Individuelle Papeterie für die schönen Momente des Lebens. *www.herzlichst-shop.de*

Hochzeitskartendesign: Papeterie aus einem Guss – von Save-the-Date- bis zur Dankeskarte. *www.hochzeitskartendesign.com*

Kartenmacherei: Liebevolle Designs, feine Papeterie und außergewöhnlicher Service. *www.kartenmacherei.de*

Myprintcard: Von besonderen Einla-dungen bis zur ausgewählten Hoch-zeitspapeterie in immer wieder neuen Designs. *www.myprintcard.de*

Individuelles Design

Diese Grafikdesignerinnen kreieren Träume aus Papier für eure Hochzeit:

bonjour paper: Papierdesignerin Cécile Kotsch erfüllt individuelle

Wünsche für einzigartige und festliche Eventpapeterie. *www.bonjourpaper.com*

Die exklusiven Einladungskarten: Sonja Bührke kreiert Papierkunstwer-ke, die die schönsten Momente des Lebens widerspiegeln. *www.die-exklusiven-einladungskarten.de*

Papier-Liebe: Handlettering-Expertin Katja Haas gestaltet individuelle Hoch-zeitspapeterie. *www.papier-liebe.at*

poule folle: Céline Mehl verwirklicht Letterpress-Papeterie mit besonderer Haptik. *www.poulefolle.com*

Kalligrafie

Die Kunst des schönen Schreibens für eine exklusive Note:

Federflug Kalligrafie & Design: Elegante Kalligrafie trifft auf moderne Gestal-tung. *www.federflug.com*

Jeannette Mokosch: Einzigartiger Mix aus Kalligrafie und Design mit blühenden Worten. *www.jeannettemokosch.com*

Jeannine Platz: Malerin, Kalligrafin und Performancekünstlerin – ihre Hoch-zeitskalligrafie ist einzigartig. *www.jeannine-platz.de*

Nicnillas Ink: Durch Kalligrafie, Hand-lettering und Illustration entstehen Träume auf Papier. *www.nicnillasink.de*

DIE SITZORDNUNG

Standesamt, Kirche, freier Trauort, Hochzeitsdinner – wer sitzt da eigentlich wo? Ein Blick auf traditionelle Regeln erleichtert die Planung rund um die Sitzordnung eurer Hochzeitsgesellschaft ungemein, gleichzeitig dürfen sie modern und frei interpretiert werden. Was immer hilft: gute Planung und klare Kommunikation.

IM STANDESAMT

Hier führt kein Weg vorbei – hierzulande müsst ihr standesamtlich heiraten, um rechtsgültig ein Ehepaar zu sein. Dieser behördliche Akt gestaltet sich daher zumeist praktisch und kurz. Das Trauzimmer im Standesamt umfasst nur eine begrenzte Anzahl an Sitzmöglichkeiten, da mit großer Gesellschaft in der Regel in der Kirche oder im Rahmen einer freien Trauung gefeiert wird.

In allen Trauzimmern zu finden: ein Trautisch mit Stühlen für den Standesbeamten, das Brautpaar und die Trauzeugen. Dabei nimmt die Braut üblicherweise rechts vom Bräutigam Platz, Trauzeugen sitzen ihnen jeweils zur Seite. Bringt am besten vorab in Erfahrung, wie viele Personen im Raum einen Sitzplatz finden und überlegt, für welche Familienmitglieder und Freunde ihr einen Stuhl reservieren wollt. Die vorderen Reihen sollten der Familie vorbehalten sein.

IN DER KIRCHE

Mehr Gedanken macht ihr euch sicherlich über die Sitzordnung in der Kirche, steht diese Trauung doch bei den meisten Brautpaaren im Fokus ihres Hochzeitstages. Heute treffen die Hochzeitsgäste zuerst in der Kirche ein, um dort nach der Begrüßung durch den Bräutigam am Eingang schon einmal Platz zu nehmen. Ganz nach dem Motto »Heute wird aus zwei Familien eine, darum wählt einen Platz, nicht eine Seite«, setzen sich bei modernen Feiern Familienmitglieder und Freunde durchmischt auf die Kirchenbänke. Wie im Standesamt sollten jedoch die vorderen Reihen für Familienmitglieder, Trauzeugen und Personen, die Fürbitten vortragen, frei bleiben. Ein Tipp für große Kirchen mit vielen Bankreihen: Damit sich die Hochzeitsgesellschaft nicht im ganzen Kirchenraum verteilt, sondern schön nah beieinandersitzt, legt die Kirchenhefte nur im vorderen Bereich aus.

Traditionell geht die Braut auf der linken Seite in die Kirche hinein und sitzt am Altar links vom Bräutigam. Beim Auszug aus der Kirche müsst ihr euch einfach nur umdrehen, denn dann schreitet die Braut rechts am Arm des Bräutigams hinaus. Aber keine Sorge, wenn ihr vor lauter Aufregung die Seiten vertauscht oder einen kleinen Sprint zum Altar hinlegt – eure Trauung wird so oder so wunderschön!

BEI EINER FREIEN TRAUUNG

Bei einer freien Trauung gestaltet ihr die Zeremonie und die Sitzordnung ganz nach euren Wünschen. Da diese Form der Trauung an jedem beliebigen Platz stattfinden kann, bieten sich zahlreiche Gestaltungsmöglichkeiten an. Eine klassische Anordnung von Trautisch mit Stühlen für das Brautpaar sowie Stuhl- und Bankreihen für die Gäste dahinter oder ein Kreis, den die sitzenden Gäste um das Brautpaar bilden – alles ist erlaubt. Dies gilt auch für den Einzug und die Sitzfolge im Traubereich. Gerade bei dieser moderneren Form der Hochzeitszeremonie benötigen ältere Gäste oft mehr Informationen: Erklärt euren Eltern und Großeltern im Vorfeld, wie eine freie Trauung abläuft und wo ihr sie während der Zeremonie platzieren möchtet.

BEIM HOCHZEITSDINNER

Zuerst ein Blick auf die traditionelle Sitzordnung: Am Brauttisch nimmt die Braut rechts vom Bräutigam Platz. Links vom Bräutigam sitzt die Mutter der Braut, neben ihr der Brautvater. Der Platz rechts neben der Braut ist für den Bräutigamvater vorgesehen, ihm zur Seite sitzt die Mutter des Bräutigams. Enge Familienmitglieder wie Großeltern und Geschwister dürfen sich ebenfalls an den Brauttisch setzen, hier werden auch die Trauzeugen platziert. Dabei gilt: Damen und Herren wechseln sich in der Sitzordnung ab.

Heute lässt sich eine traditionelle Sitzfolge am Brauttisch oftmals wegen komplizierter Familiensituationen gar nicht umsetzen – in einem solchen Fall hat der Bankettmanager eurer Location sicherlich ein paar Tipps parat. Wie wär's mit einem Brauttisch nur für euch, eure Trauzeugen und deren Partner?

Generell solltet ihr mit dem Service im Vorfeld die Zusammenstellung der Tische besprechen: lange Tafeln, runde Tische oder eine Mischung aus beiden? Die Kräfte vor Ort kennen alle Laufwege und sprechen für die Größe eurer Hochzeitsgesellschaft eine Empfehlung aus. Besonders wichtig: Als Braut und Bräutigam solltet ihr für alle Gäste während des Hochzeitsdinners gut zu sehen sein.

Wohlfühlen sollten sich auch eure Familien und Freunde – achtet darauf, dass jedem Gast eine bequeme Sitzbreite von rund 80 Zentimetern zur Verfügung steht. Ob ihr reine Single- und Kindertische zusammenstellt, solltet ihr mit Blick auf die Vorlieben eurer Gäste entscheiden. Falls ihr euch unsicher seid, erkundigt euch ruhig direkt nach deren Präferenzen.

Meine Profitipps

◇ **Sitzreservierung für Omi.** Gerade bei älteren Generationen sind gut zugängliche oder gepolsterte Sitzmöglichkeiten sehr willkommen. Mit kleinen Schildern könnt ihr euren Lieben den reservierten Platz im Standesamt oder in der Kirche zuweisen.

◇ **Kreative Wegweiser.** Mit festlich geschmückten Wegweisern bietet ihr euren Gästen zusätzliche Orientierung – sei es, um die Richtung des Sektempfanges anzuzeigen oder den Weg vom Parkplatz zur Location. Mit Handlettering verzierte Holzschilder oder bunte Riesenballons weisen dekorativ die richtige Richtung.

◇ **Überraschung auf dem stillen Örtchen.** »Du siehst heute blendend aus!« – Überrascht eure Gäste auf dem WC mit einem lustigen Zettel am Spiegel oder einem abreißbaren Kompliment zum Mitnehmen an der Ausgangstür.

ÜBERNACHTUNG UND TRANSFER

Von nah und fern reisen eure Gäste zur Hochzeit an. Aber auch Familie und Freunde freuen sich über eine Unterkunft vor Ort sowie Hinweise zu Park- und Transfermöglichkeiten. Je mehr ihr im Vorfeld für eure Gäste plant, desto entspannter gestaltet sich deren Anreise und Vorfreude auf euren großen Tag. √

DIE UNTERKUNFT

Wenn bereits freitags die ersten Gäste anreisen, ihr euch bei einem entspannten Get-together begrüßt, dann am Samstag in den Hochzeitstag startet und die Feierlichkeiten mit einem lockeren Brunch am Sonntag ausklingen lasst, klingt das nach einem rundum perfekten Hochzeitswochenende. Gerade Gäste mit einer langen Anreise werden euch dafür dankbar sein. Aber auch für Familie und Freunde vor Ort ist es ein schöner, moderner Brauch, die eigentliche Zeremonie mit weiteren Aktivitäten auf mehrere Tage auszudehnen.

Ideal eignen sich dafür alle Hochzeitslocations, die über ein großes Zimmerkontingent verfügen. Alternativ könnt ihr Hotels oder Pensionen in verschiedenen Preiskategorien recherchieren, die in der Nähe eurer Location liegen. Bringt in Erfahrung, ob Reservierungen möglich sind und vermerkt einen Hinweis in euren Einladungen. Oft eignen sich auch kleine Ferienwohnungen im Umland, um eure Gäste unterzubringen.

DAS HOCHZEITSAUTO

Sobald alle eure Fahrtwege rund um den Hochzeitstag feststehen, könnt ihr euch für ein Hochzeitsauto entscheiden. Ein extra für diesen Zweck ausgewähltes Gefährt setzt den Auftritt der Braut vor der Zeremonie und die Fahrt als frisch vermähltes Brautpaar besonders in Szene. Restaurierte Oldtimer und Youngtimer oder flotte Sportwagen könnt ihr bei entsprechenden Anbietern mieten. Besitzt jemand aus eurer Familie ein außergewöhnliches Auto, das ihr euch für euren großen Tag ausleihen könnt? Ein familiärer Bezug zum Hochzeitsauto ist sogar noch schöner!

Bestimmt vorab einen vertrauenswürdigen Chauffeur, der dich samt Trauzeugin zur Trauung und euch als frisch vermähltes Paar danach zur Location fährt. Falls noch Platz im Brautauto sein sollte, freut sich euer Hochzeitsfotograf über einen Platz, um die Momente während der Fahrt in Bildern festzuhalten.

DER GÄSTETRANSFER

Bei der Planung des Gästetransfers dürft ihr ganz pragmatisch vorgehen: Bringt zunächst die Parkmöglichkeiten für die eigenen Fahrzeuge rund um Hotel, Trauort und Feierlocation in Erfahrung. Auch eure Gäste freuen sich über einen Hinweis in der Hochzeitseinladung, zum Beispiel auch, wenn sich nur ein bestimmter Bereich für die Parkplatzsuche eignet oder speziell für euch reserviert wird.

Alle Gäste, die mit dem Flugzeug und Zug anreisen oder über kein eigenes Auto verfügen, benötigen zudem eine Transportmöglichkeit. Falls dies auf den größten Teil eurer Gäste zutrifft, bietet sich auch hier ein besonderes Gefährt an – bei historischen Bussen solltet ihr im Sommer allerdings auf eine gute Klimatisierung achten. Die Organisation einzelner Mitfahrgelegenheiten oder eines Shuttles für den nächtlichen Nachhauseweg ist eine Aufgabe, die gut von euren Trauzeugen oder dem Zeremonienmeister übernommen werden kann. Oft bieten lokale Taxiunternehmen einige Wagen als Shuttleservice an, bei dem ihr die Uhrzeiten der Abfahrten festlegen könnt. Vereinbart mit dem Anbieter am besten einen Festpreis pro Wagen und Fahrt, der wahlweise von euren Gästen oder von euch übernommen wird.

Meine Profitipps

◇ Alles an einem Ort. Je weniger Wege ihr und eure Gäste am Hochzeitstag zurücklegen müsst, desto entspannter gestaltet sich eure Feier. Ausgewählte Hotels, alte Gutshöfe oder Schlösser eignen sich daher perfekt, um von Zeremonie bis Hochzeitsfeier alles unter einem Dach zu organisieren.

◇ Willkommenspakete. Eine nette Überraschung für eure Gäste, die im Hotel übernachten: Hinterlasst auf den Zimmern kleine Willkommenspakete mit einer Flasche Wasser und einigen Snacks.

◇ Schmuck für das Hochzeitsauto. In Sachen Fahrzeugschmuck sind Blumen und scheppernde Dosen absolute Klassiker. Für moderne Paare gibt es die preisgekrönten »WeddingCans« von *www.deborina.de*. Diese liebevoll gestalteten recycelten Dosen fertigt die kreative Berlinerin nach individuellen Wünschen des Brautpaares an.

DEINE BUDGETPLANUNG

Damit du euer Budget stets im Blick hast,
kannst du hier die zu erwartenden Kosten eintragen.

POSITION	KOSTEN
Hochzeitspapeterie	
Save the Date	
Einladung	
Kirchen- oder Programmheft	
Sitzplan	
Tisch- und Namenskarten	
Menükarten	
Dankeskarten	
Gästebuch	
Porto	

POSITION	KOSTEN
Hotelübernachtung(en)	
Hochzeitsauto	
Schmuck für Hochzeitsauto	
Transfer für Gäste	
Gastgeschenke	

DEINE IDEEN

*Hier ist Platz, um deine Gedanken festzuhalten, ein
Mood Board zu erstellen und Inspiration zu sammeln.*

Dos and Don'ts rund um die Hochzeit

Wissenswerte Kleinigkeiten und Tabus rund um den großen Tag

Weiß trägt nur die Braut: Selbst wenn ihr einen klaren Dresscode in eurer Einladung formuliert habt, kann es zu Diskussionen rund um die Farbe, die der Braut am Hochzeitstag vorbehalten sein sollte, kommen. Als Braut steht es dir frei, zusätzlich auf der Karte zu vermerken: »Weiß und Creme gehören als Farben der Braut.« Übrigens: Eine weiße Krawatte ist ebenfalls ausschließlich dem Bräutigam vorbehalten.

Konfetti und Co.: Blütenregen, Seifenblasengestöber, Konfettisalven oder funkelnde Wunderkerzen – fragt lieber einmal zu viel nach, ob dies an den Orten eures Hochzeitstages erlaubt ist. Und noch eins: Reis wird aus nachhaltigen und hygienischen Gründen auf Hochzeiten nicht mehr geworfen.

Rund um den Geschenketisch: Den Geschenketisch hübsch herzurichten, bereitet so viel Spaß! Dekoriert ihn mit einer Girlande und einem Schild, damit die Gäste sofort wissen, wo sie eure Geschenke ablegen können. Falls ihr die Geschenkeübergabe zu einem festen Zeitpunkt plant, bittet doch zwei vertrauensvolle Gäste um Hilfe, damit sie euch abwechselnd Präsente abnehmen und zum Geschenketisch bringen können. Diese Personen können im Laufe des Abends auch alle Geschenke in ein Hotelzimmer oder an einen anderen Ort zur Aufbewahrung bringen.

Trauzeugen-TÜV: Beim Thema Hochzeitsspiele und Aktionen scheiden sich die Geister: Für die einen gehören sie zu jeder Hochzeit dazu, für die anderen sind sie das pure Grauen. Überlegt euch, wie ihr diesen Punkt handhaben möchtet. Derzeit beliebt: Der Verweis auf einen sogenannten »Trauzeugen-TÜV« in der Einladung – dabei müssen alle Ideen erst mit den Trauzeugen besprochen werden. So könnt ihr genau festlegen, welche Programmpunkte für euch infrage kommen.

Dem Brautpaar die Show stehlen: Man sieht es immer wieder in Hollywoodfilmen: Ein Hochzeitsgast, der zu später Stunde auf die Knie geht, um die Frage aller Fragen zu stellen. Doch der Hochzeitstag sollte nur euch gehören – solche Ideen dürfen von euch oder euren Trauzeugen ohne schlechtes Gewissen freundlich unterbunden werden. Es gehört auch zum guten Stil,

dass sich eure Gäste nicht danebenbenehmen. Falls ihr merkt, dass ein Gast ausfällig wird, darf euer Zeremonienmeister schnell für ein Taxi sorgen.

Geduld bei den Bildern: Klar, am liebsten möchtet ihr sofort nach der Feier alle Fotos des Hochzeitstages anschauen. Doch warum dauert das nur so lange? Ganz einfach: Euer Fotograf hat im Laufe des Tages nicht nur eine komplette Reportage mit Hunderten von Bildern geknipst, er muss nun auch eine Auswahl treffen und die Fotos bearbeiten. Und das braucht seine Zeit. Damit du nicht jeden Tag vor Vorfreude platzt, erkundige dich schon beim Vorgespräch mit dem Fotografen nach der Lieferzeit.

KAPITEL 4

DER PERFEKTE TAG ZUM HEIRATEN

WICHTIGE BASICS:
KONZEPT, BUDGET, ABLAUF UND LOCATIONS

Deinen Brautlook hast du dir bereits erträumt. Du weißt, wer an eurem Hochzeitstag eine besondere Rolle in deinem Team Braut spielen soll. Und mit deinem Liebsten hast du entschieden, welche Gäste mit euch Hochzeit feiern sollen. Wunderbar! Kommen wir nun zur ganz konkreten Planung und den ersten Schritten eurer Hochzeitsorganisation. Los geht's!

EIN HOCHZEITSKONZEPT KREIEREN

Bevor ihr euch die Orte, an denen ihr feiern möchtet, genauer anschaut, sollte euer Hochzeitskonzept stehen. Ein erstes Brainstorming zu Ablauf, Stil und Farben hast du bereits hinter dir. Nehmt euch nun die Zeit, in die vielfältigen Möglichkeiten der Hochzeitsgestaltung einzutauchen und euren großen Tag vor euren inneren Augen entstehen zu lassen. So wie du dich auf deinen persönlichen Stil in Sachen Mode und Einrichtung verlassen kannst, bildet sich nach kurzer Zeit auch ein Konzept für eure Hochzeit heraus.

Halte in einem digitalen oder haptischen Mood Board alle Ideen, Informationen und Bilder fest, die dich ansprechen und deren Umsetzung du dir für eure Hochzeit vorstellen kannst. Welche Begriffe und Beschreibungen fallen euch beiden beim Blick darauf ein?

Oft hilft es für die weitere Planung, sich drei Begriffe als Leitmotiv für die Hochzeit zu notieren – so kann man alle Entscheidungen leichter mithilfe der Konzeptidee abwägen. Ein paar Beispiele: modern–persönlich–urban, klassisch–elegant–Schloss, familiär–DIY–rustikal oder Bohemian–entspannt–Party.

Ein absolutes Muss bei der Ausarbeitung eures Hochzeitskonzeptes: Bleibt euch treu und zeigt, was euch und eure Liebe ausmacht! Dies gelingt zum Beispiel mit einem eigenen Motto, einer bedeutungsvollen Farbe oder indem ihr einen Punkt des Tages besonders hervorhebt.

Überlegt gemeinsam, was euch wichtig ist und setzt Schwerpunkte: eine beeindruckende Location mit exzellentem Service? Traumhafte Hochzeitsbilder? Kreative Gastgeschenke? Ein atemberaubender Sweet Candy Table? Kulinarische Highlights, coole Musik oder einfach eine Wohlfühlatmosphäre? Fragt euch gleichzeitig, welcher Teil eures Hochzeitstages besonders in Szene gesetzt werden soll. Die Trauung? Das Nachmittagsprogramm? Die ausgelassene Party? Definiert eure Prioritäten mit Blick auf euer Budget. Die Dienstleister, die ihr bucht, helfen euch dabei, euren Traum so perfekt wie möglich umzusetzen.

Je mehr Individualität ihr in euer Hochzeitskonzept einfließen lasst, desto besser werden euch Familie und Freunde in den Details wiedererkennen. Um den richtigen Mix für eure Hochzeit zu finden, solltet ihr euch bei anderen zwar Inspiration holen, doch keine Konzepte eins zu eins kopieren, sondern dem gängigen Ablauf einer Hochzeit vielmehr eure eigene Handschrift verleihen.

Euer Hochzeitstag sollte dabei die wichtigsten Elemente umfassen, die den Kern einer Hochzeit ausmachen: Trauung, Sektempfang, gemeinsames Essen, Reden, Hochzeitstanz. Die Hochzeit startet offiziell mit eurer Trauung, danach folgt ein Sektempfang zur Begrüßung der Gäste. Hier integrieren Brautpaare gerne am Nachmittag den Anschnitt der Hochzeitstorte. Während sich die Gäste nach dem ersten Highlight des Tages bei Kaffee und Kuchen stärken können, bleibt euch Zeit, um mit dem Hochzeitsfotografen die Paarbilder zu machen. Am Abend kommen alle zum Dinner zusammen. Eine Rede des Brautpaares findet zu diesem Zeitpunkt großen Anklang, hier können sich im festlichen Rahmen weitere Beiträge der Eltern oder Trauzeugen einreihen. Nach dem gemeinsamen Essen folgt der finale Tagesabschnitt: Die Eröffnung der Tanzfläche durch den Hochzeitstanz und der Beginn einer ausgelassenen Feier bis in die frühen Morgenstunden.

Alle Aktionen und Spiele, die euren »Trauzeugen-TÜV« bestanden haben, sowie spezielle und regionale Bräuche wie Brautstrauß- und Strumpfbandwurf oder gar eine Brautentführung sollten – sofern von euch gewünscht – am Nachmittag oder Abend, also vor der Eröffnung der Tanzfläche, stattfinden. Allein ein Mitternachtssnack darf eure feiernden Hochzeitsgäste von der Tanzfläche locken – dabei läuft die Musik natürlich weiter.

Diesen Ablauf eines Hochzeitstages übertragt ihr nun auf euer individuelles Hochzeitskonzept – egal, ob ihr eine alte Scheune, ein herrschaftliches Schloss oder einen urbanen Club vor Augen habt. Plant ihr mit euren Gästen allerdings nur ein gemeinsames Abendessen oder eine Party, macht in der Einladung deutlich, dass ihr nach einer privaten Trauung mit ihnen »nur« den Anlass eurer Hochzeit feiern wollt. So werden keine Erwartungen enttäuscht.

DAS HOCHZEITSBUDGET

Eng verbunden mit der Wahl eures Hochzeitskonzeptes ist die Frage nach dem Finanziellen. Für die Trauungen im Standesamt und in der Kirche sowie für einen freien Redner müsst ihr ein gewisses Budget einplanen. Hinzu kommen weitere Positionen wie dein Traumkleid, das Outfit deines Bräutigams, eure Eheringe und vieles mehr. Den größten Teil des Budgets nehmen jedoch die Anzahl euer Gäste und die damit verbundenen Kosten der Location ein – daher lohnt ein weiterer prüfender Blick auf die A-, B- und C-Gästeliste, die ihr bereits besprochen habt.

Deutschlandweit geben Brautpaare durchschnittlich zwischen 10.000 und 15.000 Euro für ihre Hochzeit aus (Studie der Kartenmacherei, 2017). Heiratet ihr in Großstadtnähe, gönnt ihr euch besondere Extras oder bucht eine Fernreise für die Flitterwochen, landet ihr schnell im Bereich von 20.000 Euro oder mehr. Seid dabei ehrlich zu euch selbst – könnt und wollt ihr euch solche Ausgaben leisten? Für Unvorhergesehenes solltet ihr zudem einen Puffer von zehn Prozent einplanen. Nicht umsonst bitten die meisten Brautpaare beim Thema Geschenke um einen Zuschuss zur Hochzeitskasse.

Gerade zu Beginn eurer Hochzeitsplanung ist es wichtig, gemeinsam ein realistisches Budget festzulegen. Erstellt am besten eine Kostenübersicht mithilfe einer Excel-Tabelle. So aktualisiert ihr schnell eure bisherigen Ausgaben, könnt die Kosten der verschiedenen Dienstleister einplanen und habt immer im Blick, welche Extras noch im Rahmen des Gesamtbudgets liegen. Es gibt kaum Brautpaare, die nicht an irgendeiner Stelle Abstriche auf ihrer Wunschliste machen müssen.

Ein weitverbreiteter Irrglaube: Das Wort »Hochzeit« erhöht nicht automatisch den Preis. Vielmehr arbeitet ihr mit kreativen Dienstleistern zusammen, die zum einen alles daran setzen, euren Hochzeitstag unvergesslich zu machen, und zum anderen als Selbstständige ihre Stunden entsprechend kalkulieren müssen. Schaut euch zum Beispiel den Unterschied zwischen einem regulären Blumenstrauß und einem Brautstrauß an – allein die Menge der Blüten rechtfertigt einen höheren Preis, von der Auswahl der Blumen und speziellen Bindung ganz zu schweigen. Und noch ein Hinweis: Hochzeitsdienstleister kalkulieren ihre Angebote sehr realistisch, an den Preisen zu feilschen oder nachträglich zu verhandeln, gilt als schlechter Stil.

Und bitte nicht vergessen: das Trinkgeld! Gerade für das Servicepersonal der Location solltet ihr unbedingt einen Bonus einplanen. Gefallen euch die Arbeiten bestimmter Dienstleister besonders gut, lasst ihnen doch eine Dankeskarte und eine kleine Aufmerksamkeit zukommen.

START IM STANDESAMT

Mit diesem ersten Bild eures Hochzeitstages vor Augen, geht es zur Recherche der passenden Locations – dabei stehen Standesamt, Kirche oder alternativer Trauort und die Örtlichkeit der Hochzeitsfeier im Fokus. Werft an dieser Stelle schnell einen Blick in Kapitel 3: Mit wie vielen Gästen wollt ihr eure Hochzeit feiern?

Als rechtliche Grundlage eurer Ehe steht die standesamtliche Trauung in der Regel am Anfang. Viele Brautpaare legen die Zeremonie im Standesamt auf einen Freitag, um dann am Samstag in großer Gesellschaft ihre kirchliche oder weltliche Trauung zu feiern. Sechs Monate vor eurem gewünschten Trautermin könnt ihr diesen offiziell im Standesamt anmelden. Bei einigen beliebten Standesämtern, ihren Außenstellen und besonderen Anlässen müsst ihr mit einer hohen Anfragezahl rechnen, daher macht euch lieber weit im Voraus über die Möglichkeiten schlau.

Dies gilt auch für die benötigten Dokumente, da diese je nach Familienstand, Staatsbürgerschaft und Land variieren. Zur Anmeldung der Eheschließung werden in Deutschland Personalausweis oder Pass sowie eine beglaubigte Abschrift aus dem Geburtenregister und eine aktuelle Aufenthaltsbescheinigung mit Angabe des Familienstandes benötigt. Sofern ihr geschieden und verwitwet seid oder bereits gemeinsame Kinder habt, müsst ihr die entsprechenden Urkunden und Dokumente vorlegen. In Österreich und der Schweiz gelten ähnliche Auflagen. Euer lokales Standes- beziehungsweise Zivilstandsamt bietet im Internet weitere Informationen dazu an.

Ansonsten seid ihr einzig mit der Anmeldung auf euer örtliches Standesamt festgelegt, eure Trauung könnt ihr in einer anderen Gemeinde ganz nach euren Wünschen und Bedürfnissen feiern. Falls ihr rein standesamtlich heiratet, bieten historische Standesämter und Außenstellen eine schöne Alternative für eure Trauung. Und natürlich dürft ihr auch euren Standesbeamten um einen feierlichen Einzug der Gesellschaft und des Brautpaares bitten. Denn auch wenn ihr euch für eine standesamtliche Feier im kleinen Kreis entscheidet, stellt diese Trauung einen festlichen und besonderen Anlass dar.

DIE RICHTIGE LOCATION FÜR DIE FEIER

Zahlreiche Paare entscheiden sich dafür, eine religiöse Trauung in den Mittelpunkt ihres Hochzeitstages zu stellen. Dabei hängt allerdings die Wahl eurer Kirche stark vom Ort eurer Hochzeitsfeier ab – zu große Entfernungen bringen lange Anfahrtswege und Pausen mit sich. Daher empfiehlt es sich, weit im Voraus und vor der Wahl der Kirche nach einer passenden Örtlichkeit für die anschließende Feier zu suchen. Denn wie beim Standesamt seid ihr bei der Kirchenwahl nicht auf euren Wohnort festgelegt.

Denkt bei der Suche an euer Hochzeitskonzept und Leitmotiv – welche Art der Location bietet sich dafür an? Scheune oder Schloss? Gutshof oder Hotel? Weingut oder Strandpromenade? Eine idyllische Wiese oder urbane Loftkulisse? Onlinedatenbanken für Locations wie *www.eventinc.de, www.wonderwed.de* oder *www.foreverly.de* sowie Hochzeitsreportagen in Magazinen und auf Blogs geben euch neben Hochzeitsmessen gute Anhaltspunkte für eure Recherche.

Ein wichtiger Hinweis: Sommertermine sind in beliebten Hochzeitslocations stark gefragt und teilweise bereits ein bis zwei Jahre im Vorfeld vergeben. Vereinbart möglichst rasch zum Start eurer Hochzeitsplanung Vor-Ort-Termine und reserviert ein mögliches Datum. Alternativ könnt ihr eure Jahreszeiten- und Tageswahl überdenken – kommt eine Hochzeit im goldenen Herbst oder an einem Freitag nicht doch als Ausweichtermin infrage?

Vor Ort solltet ihr schnell in Erfahrung bringen, ob eure Gästezahl mit der Größe der Location harmoniert und mit welchen Pauschalen ihr für die Umsetzung eurer Ideen rechnen müsst. Lasst euch das Gelände und die Räumlichkeiten zeigen, damit ihr sie immer wieder mit eurem Hochzeitskonzept abgleichen könnt – passen Stil, Atmosphäre und Farben zu eurer Vision? Wenn dem so ist, schlagt zu! Je früher ihr euch für eine Location entscheidet, desto entspannter könnt ihr die weitere Hochzeitsplanung angehen: Euer Save the Date versenden, eine passende Kirche in der Umgebung auswählen und alle Dienstleister für euren Hochzeitstermin anfragen.

Meine Profitipps

◊ **Locationbilder recherchieren.** Sich für eine Location zu entscheiden, fällt oft schwer. Wie sieht die Location bei Nacht aus? Wie lässt sich der Saal dekorieren? Um diese und andere Fragen zu beantworten, lohnt sich eine gründliche Recherche im Internet. Im Idealfall entdeckt ihr eure Wunschlocation in einer Hochzeitsreportage, deren Bilder euch Anhaltspunkte und Inspiration bieten.

◊ **Locationsuche mit einem Hochzeitsplaner.** Wenn ihr wenig Zeit für Recherche oder Besichtigungen habt, engagiert für diese Aufgabe einen Wedding Planner. Hochzeitsplaner kennen nicht nur zahlreiche Orte und Geheimtipps, ihr seid so auch in Sachen Service und Qualität auf der sicheren Seite.

◊ **Lautstärkebeschränkung beachten.** Eine ausgelassene Party steht ganz oben auf eurer Prioritätenliste? Dann erkundigt euch unbedingt, wie lange und wie laut ihr den DJ oder die Band in eurer Location spielen lassen dürft, bevor die Party ein abruptes Ende nimmt.

EDITOR'S CHOICE

Inspiration online finden

Eine wahre Inspirationsflut wartet im Internet auf die Braut von heute. Der besondere Charme: Apps, die den Austausch mit Gleichgesinnten ermöglichen:

Instagram: Vernetze dich digital mit anderen Bräuten und lasse dich von den Fotos inspirieren. *www.instagram.com*

Pinterest: Rund um das Thema Hochzeit findest du hier eine Bildervielfalt mit angesagten Ideen und jeder Menge Inspiration. *www.pinterest.de*

Beliebte Hashtags für deine Suche

Unter einem Hashtag versteht man mit einer Raute (#) versehene Schlagwörter. Mit einem Klick darauf findest du so in sozialen Netzwerken sämtliche Bilder und Postings zu einem Thema:

#braut2018 #braut2019: Versehe deine eigenen Bilder mit einem Hashtag, das angibt, wann deine Hochzeit stattfindet. So kannst du dich mit anderen Bräuten austauschen, die im gleichen Jahr heiraten.

#instabraut #instabräute: Unter diesen Schlagwörtern findest du andere Bräute und kannst dich vernetzen.

#weddingwednesday: Jeden Mittwoch teilen Hochzeitsdienstleister und Bräute ihre schönsten Hochzeitsbilder und -ideen. Inspiration pur!

Experteninterview

Sabine John-Tancredi, Traubar

Freie Traurednerin aus Stuttgart

www.traubar.de

Mit Worten Emotionen wecken – das ist deine Art, freie Trauungen mit Tiefe und Gefühl zu gestalten. Für wen bietet sich eine freie Trauung an?

Meist sind es Paare, die eine besondere, tiefe Liebe füreinander empfinden und diese intensiv leben. Diese Paare wollen für ihre Hochzeit mehr als nur die Unterschrift auf der Eheurkunde. Sie wollen ihre Liebe feiern. Dabei ist ihnen eine persönliche Rede wichtig, die sie und ihre Beziehung widerspiegelt. Alles soll so sein, wie sie es sich wünschen – individuell, authentisch und herzlich.

Dir ist es wichtig, die Geschichte der Paare zu hören und was für sie Bedeutung hat. Wie kreierst du daraus eine passende Zeremonie?

Ablauf und Inhalt der Zeremonie entstehen im Gespräch mit dem Brautpaar. Die beiden entscheiden, wie sie den Einzug und das Jawort gestalten und wann Musik eingebracht wird. Nur so fühlt sich das Brautpaar wirklich wohl. Was jedoch ganz in meiner Hand liegt, ist die Traurede. Dafür höre ich genau hin. Ich nehme auch das wahr, was zwischen den Zeilen gesprochen wird. Wir begeben uns sozusagen auf emotionale Ebene. Das Ganze ist eine schöne und bereichernde Erfahrung für das Paar, denn wann redet man schon mal so intensiv über seine Gefühle und die Beziehung? Das sollte jedes Paar vor seiner Hochzeit machen!

Mit Blick auf die über 400 Trauungen, die du bereits geleitet hast –
wie gestaltet sich ein typischer Ablauf einer freien Trauung?

Die Zeremonie startet mit Musik, die den Einzug der Braut (oder des
Brautpaares) begleitet. Ich nehme das Paar vorne in Empfang und alle
nehmen Platz. Nach einer kurzen Ansprache gehe ich über in meine
Traurede. Ein Lied danach bietet Zeit, das Gehörte wirken zu lassen
und ist ein perfekter Übergang zum Jawort, das in persönlichen,
selbst gesprochenen Worten erfolgt oder von mir vorgelesen wird. Das
Anstecken der Ringe und der Kuss sind die emotionalen Höhepunkte
der Zeremonie und werden vom Applaus der Gäste begleitet. Nach
abschließenden Worten wird der Auszug des Paares von Musik begleitet, die den Übergang zur Feier verdeutlicht. Alles in allem dauert die
Zeremonie 45 bis 60 Minuten.

Und wo kann eine freie Trauung stattfinden?

Praktisch überall. Die meisten Paare entscheiden sich für eine Zeremonie in der Feierlocation. So sind alle Gäste an einem Ort und niemand
muss nach dem Sektempfang mit dem Auto fahren. Viele Locations haben sich auf freie Trauungen eingestellt und verfügen über eine Wiese,
Terrasse oder einen separaten Raum.

Muss man für eine freie Trauung bereits standesamtlich verheiratet
sein?

Nein, es ist irrelevant, ob das Paar vor oder nach der Trauung zum
Standesamt geht. Es gibt sogar Paare, die nie standesamtlich heiraten,
sondern einzig eine freie Trauung machen. Dann ist die Ehe jedoch
nicht rechtsgültig.

KREATIVE HOCHZEITSPROFIS

Was eine perfekte Hochzeit ausmacht? Natürlich das Braut-paar und die Gäste! Doch auch die vielen Dienstleister im Hintergrund helfen euch dabei, einen unvergesslichen Tag zu erleben. Besonders engagierte und talentierte Hochzeits-profis bleiben mit ihren Beiträgen allen lange in Erinnerung.

DIE PASSENDEN DIENSTLEISTER

Die Anbieter kreativer Hochzeitsdienstleistungen begleiten euch vor und an eurem Hochzeitstag mit ihrer Expertise, manche nur wenige Stunden, andere hingegen den gesamten Tag oder durch die komplette Planungszeit. Ob Hochzeitsplaner, Grafikdesigner und Kalligraf, Stylist und Make-up-Profi, Fotograf und Videograf, Trauredner, DJ, Florist und Dekorateur, Cake Designer oder Goldschmied – alle tragen einen großen Anteil an einer gelungenen Hochzeitsfeier.

Um die richtigen Dienstleister für eure Hochzeit zu finden, soll-tet ihr zunächst nach Personen und Angeboten recherchieren, die zu euch und eurem Hochzeitskonzept passen. Magazine, Hochzeitsblogs, Branchenbücher und auch Hochzeitsmessen eignen sich gut, um sich einen ersten Überblick zu verschaffen. Daneben sind eure eigenen Erfahrungen, die ihr als Hochzeitsgäste auf anderen Feiern gemacht habt, sowie Empfehlungen von Freunden und Bekannten besonders wertvoll. Hochzeitsdienstleister wie Fotografen und Trauredner arbeiten oftmals europaweit, während sich Floristen, Konditoren und andere Handwerke auf ein regionales Gebiet beschränken.

RICHTIG ANFRAGEN

Auch im Hinblick auf eure Zeit solltet ihr euch auf rund drei Anfragen pro Handwerk beschränken. Ihr habt euch beispielsweise in Bildsprache und -stil von drei Fotografen verliebt? Dann fragt diese – immer mit eurem feststehenden Hochzeitsdatum – an und vergleicht ihre Angebote und Leistungsumfänge. Häufig lassen euch Dienstleister über ein Kontaktformular auf ihrer Webseite alle relevanten Details rund um die Hochzeit ausfüllen und können euch so schnell ein konkretes Angebot zukommen lassen.

Besonders praktisch: Oft arbeiten Hochzeitsdienstleister immer wieder mit denselben Kollegen zusammen – ein solches Hochzeitsnetzwerk garantiert reibungslose Abläufe zwischen den Branchen und optimale Ergebnisse. Die gebuchten Dienstleister können euch zudem hilfreiche Tipps mit auf den Weg geben und ihre Erfahrungen rund um bestimmte Locations, Termine und Kollegen mit euch teilen.

Der richtige Zeitpunkt für eine Anfrage hängt stark von eurem Hochzeitsdatum ab. Ähnlich wie bei den Locations sollten beliebte Tage wie der Samstag und Hochzeitsmonate wie der August bereits sehr früh gebucht werden. Checkt vor eurer Anfrage auf den Webseiten oder Social-Media-Profilen der Anbieter, ob dort Angaben zu freien Terminen zu finden sind. Während man bestimmte Dienstleister bereits ein bis zwei Jahre im Vorfeld buchen kann, möchten andere ihre Termine erst nach Ablauf der aktuellen Hochsaison und zum Herbst/Winter vergeben.

DAS VORGESPRÄCH

Traumkleid gefunden, die Hochzeitstorte bis ins letzte Detail besprochen – um dann kurz vor der Hochzeit oder gar am Hochzeitstag eine Absage zu erhalten? Bloß nicht! Darum ist es so wichtig, dass ihr im Rahmen eurer Hochzeit mit Profis zusammenarbeitet. Lasst euch nicht von günstigen Angeboten zu einer schnellen Buchung verleiten, sondern hinterfragt das Preis-Leistungs-Verhältnis und sichtet das Portfolio des Dienstleisters. Klar, auch ein Branchennewcomer kann mit einem günstigen Angebot wunderbare Ergebnisse liefern, doch die Gefahr einer Enttäuschung ist bei Hobbyanbietern leider deutlich größer. Im Idealfall lernt ihr die Dienstleister persönlich kennen, telefoniert oder skypt mit ihnen, bevor ihr euch entscheidet.

Probetermin bei der Stylistin, Festlegung des Ablaufs mit eurem Hochzeitsfotografen, Musikbesprechung mit dem DJ oder Blumenauswahl beim Floristen – plant immer genügend Zeit für längere Vorgespräche ein. Je konkreter ihr eure Wünsche äußert, desto besser. Viele Details und Fragen lassen sich auch per E-Mail oder bei einem kurzen

Telefonat klären, erkundigt euch einfach bei euren Dienstleistern, wie ihr am besten zusammenarbeitet.

EURE HOCHZEITSPROFIS IM ÜBERBLICK

In die große, bunte Hochzeitswelt einzutauchen heißt auch, viele kreative Menschen kennenzulernen, die in diesem Bereich arbeiten. Obwohl alle rund um das Thema Hochzeit tätig sind, unterscheiden sich die Handwerke sehr. Damit du bei eurer Planung den Überblick behältst, findest du hier die wichtigsten Dienstleister und wie sie euch bei eurer Hochzeit behilflich sein können:

Grafikdesigner stehen euch bei der Gestaltung der Hochzeitspapeterie zur Seite. In ihren Onlineshops bieten sie euch neben Muster- und Designvorlagen meist auch die Möglichkeit, eure eigene Idee umzusetzen, die dann vom ersten Layout bis zum Druck von den Profis betreut wird.

Kalligrafen verschönern mit ihrer Handschrift Elemente eurer Hochzeitspapeterie – von der handgeschriebenen Einladung über verzierte Briefumschläge bis zu eleganten Namenskarten. Als angesagte Alternative zur klassischen Kalligrafie bieten einige Dienstleister auch Brush Lettering im modernen Pinsellook an.

Fotografen spielen eine der wichtigsten Rollen an eurem Hochzeitstag. Sie dokumentieren – idealerweise in Form einer Reportage über den kompletten Tag – die schönsten Momente eurer Hochzeit. Paarfotos, Familienbilder und alle liebevollen Details hält ein Profifotograf für euch fest und schafft damit eine Erinnerung fürs Leben.

Videografen findet ihr meist an der Seite der Fotografen, da sie ebenfalls alle besonderen Momente der Feier einfangen und daraus einen persönlichen Hochzeitsfilm erstellen. Einige Hochzeitsfotografen bieten parallel auch die Videooption an oder arbeiten mit einem eingespielten Team.

Trauredner und freie Theologen unterstützen euch bei der Planung einer freien, weltlichen Trauung. Bei einem Vorgespräch erfahren sie Details eurer Beziehung und eure Wünsche. Am Hochzeitstag führen sie ganz persönlich und emotional durch die Trauzeremonie, die zumeist ein individuelles Eheversprechen und einen Ringtausch beinhaltet.

DJs begleiten alle musikalischen Aspekte eures Hochzeitstages. Professionelle Hochzeits-DJs kennen nicht nur die besten Titel, um eine freie Trauung, den Sektempfang und das Hochzeitsdinner musikalisch zu inszenieren, sie wissen auch, die unterschiedlichen Wünsche und Anforderungen einer gemischten Hochzeitsgesellschaft zu bedienen und sorgen für eine volle Tanzfläche bis in die frühen Morgenstunden.

Stylisten für Haare und Make-up helfen im Rahmen eines Probetermins dabei, den richtigen Brautlook für dich zu finden. Am Hochzeitsmorgen begleiten sie dich beim Getting Ready, kreieren deine Brautfrisur mit passenden Accessoires und tragen ein tränensicheres Make-up auf, das den ganzen Tag hält. Zu unterscheiden sind »Brautstylisten«, die sich hauptsächlich mit dem gesamten Look rund um das Brautkleid beschäftigen.

Floristen kreieren deinen floralen Hochzeitstraum. Im Fokus steht dabei der Brautstrauß sowie die Accessoires für Bräutigam und Team Braut. Passend zu eurer Blumenauswahl entwickeln sie ebenfalls ein Dekorationskonzept für Kirche, Brautauto, Festsaal und die Hochzeitslocation. Sofern gewünscht zählen zu den Leistungen auch Anlieferung und Aufbau.

Wedding Designer unterstützen euch bei der Entwicklung eines individuellen Hochzeitskonzeptes. Dabei arbeiten sie oft eng mit Grafikern, Kalligrafen und Floristen zusammen, um ein kreatives Gesamtdesign zu kreieren. Oft bieten sie einen Verleih von Accessoires mit an. Auf Wunsch übernehmen sie am Hochzeitstag Aufbau und Umsetzung der Deko.

Konditoren, Patisseure und Cake Designer versüßen euch die Hochzeit mit ihren Kreationen. Während die Hochzeitstorte einen besonderen Auftritt genießt, erobern aktuell die angesagten Konzepte rund um den Sweet Candy Table den Hochzeitsmarkt – ideal, um euren Gästen einen unvergesslichen Nachmittag mit Kaffee und Kuchen zu bereiten.

Goldschmiede fertigen ganz individuelle Eheringe an und beraten euch bei Materialauswahl, Form und Gestaltung. Mit ihrer Expertise stellen sie eine kreative Alternative zu Juwelieren und bestehenden Ringkollektionen dar.

Hochzeitsplaner organisieren für euch alles rund um den Hochzeitstag und bringen alle Dienstleister zusammen. Sehr persönlich und in engem Austausch begleiten sie euch von Beginn der Planung bis nach eurem Hochzeitstag.

Natürlich müsst ihr für eure Hochzeit nicht jeden dieser Dienstleister buchen – manchmal entpuppt sich ein Familienmitglied oder
eine Freundin als besonderes Talent. Achtet aber immer auf konkrete
Absprachen und stellt sicher, dass sich die Expertise eurer Lieben auch
tatsächlich auf das Themenfeld Hochzeit übertragen lässt.

Meine Profitipps

◇ **Die Chemie muss stimmen.** Hochzeitsdienstleister, die euch über eine längere Zeit und am Hochzeitstag persönlich begleiten, sollten euch sympathisch sein. Findet in einem Vorgespräch heraus, ob ihr gut miteinander könnt und eure Vorstellungen und Arbeitsweisen harmonieren.

◇ **Keine Dienstleistung ohne Vertrag.** Verträge mit euren Dienstleistern sind unverzichtbar! So könnt ihr Leistungen, Lieferzeiten und Serviceumfang im Detail nachlesen und seid zum Beispiel bei krankheitsbedingtem Ausfall rechtlich abgesichert.

◇ **Auf die Expertise verlassen.** Die Hochzeitsprofis »heiraten« während der Saison quasi jedes Wochenende – daher könnt ihr jederzeit ihren Ratschlägen und Tipps vertrauen. Oft haben sie Details im Blick, an die man selbst nie denken würde.

EDITOR'S CHOICE

Kreative Hochzeitsmessen

Aktuelle Trends und Ideen für die eigene Hochzeit sammelt man am besten live auf einer der zahlreichen Hochzeitsmessen:

Bube, Dame, Herz, Düsseldorf: Top-Dienstleister aus dem Rheinland stellen sich auf dieser Messe vor. www.bubedameherz.de

Herzschlag & Co., Mainz: Die Hochzeitsmesse für Brautpaare von morgen gehört zu den innovativsten Formaten der Branche. www.herzschlagundco.de

Love Circus Bash, Berlin, Frankfurt, München: Das Wedding-Festival der besonderen Art präsentiert jährlich die neusten Trends. www.love-circus-bash.de

Vintage Wedding, Berlin, Hamburg, Köln, München: Die Messe tourt mit angesagten Dienstleistern durch deutsche Großstädte. www.vintagewedding.de

Die schönsten Hochzeitsaccessoires

Die schönsten Accessoires und Deko-artikel für Hochzeitsfeste findest du in den Onlineshops dieser Anbieter:

Fräulein K sagt Ja: Einfach schöner feiern – moderne Dekoration für Hochzeiten und Freudenfeste. www.fraeulein-k-sagt-ja.de/shop

Melanie Sharma Wedding Décor & Styling: So einzigartig wie du! Dekoration für feine Hochzeiten aus Österreich. www.melaniesharma.com

Oh so pretty: Wunderschöne Produkte für Fine Art Weddings mit hohem ästhetischen Anspruch. www.ohsopretty.de

Partyerie: Mit schönen Dingen und trendigen Produkten das Leben feiern. www.partyerie.de

PinkFisch: Der Schweizer Shop mit einer bunten Welt aus Dekorations- und Festartikeln – auch für Kinder. www.pinkfisch.ch

Van Harte: Ausgefallene Gastgeschenke, wunderschöne Tischdeko und vieles mehr rund um die Themen Feiern und Hochzeit. www.vanharte.de

Inspirierende Hochzeitsblogs

Tagesaktuelle Artikel und umfassende Themenarchive – Hochzeitsblogs sind eine wunderbare Anlaufstelle, um die Hochzeitsplanung zu beginnen:

Evet ich will: Die Expertin für multikulturelle Hochzeiten mit deutsch-türkischem Schwerpunkt. *www.evetichwill.de*

Frieda Therés: Eine wahre Inspirationsquelle für moderne Boho-Bräute. *www.friedatheres.com*

Hochzeitswahn: Sei inspiriert – den bekannten Blog gibt es auch als Printmagazin. *www.hochzeitswahn.de*

Lieschen heiratet: Der moderne Hochzeitsblog für urbane Bräute. *www.lieschen-heiratet.de*

The Little Wedding Corner: Hochzeiten mit Liebe, Individualität und Freude. *www.the-little-wedding-corner.de*

Experteninterview

Heike Krohz, Torten- & Patisserie Service Suess & Salzig

Konditormeisterin aus Süßen

www.suess-und-salzig.de

Mit jahrelanger Erfahrung und Expertise kreierst du für Brautpaare wahre Tortenträume in Stuttgart und Umgebung. Wie findet das Brautpaar andernorts einen passenden Konditor oder Cake Designer?
Eine auf Erfahrung basierende Empfehlung finde ich am wertvollsten. Daher rate ich jedem Brautpaar, mal bei den schon gebuchten Hochzeitsdienstleistern nachzufragen, wer, wo die leckersten und hübschesten Hochzeitstorten backt.

Wie groß sollte die Hochzeitstorte sein und was kostet ein Stück?
Wird die Hochzeitstorte am Nachmittag zur klassischen Kaffee-und-Kuchen-Zeit angeschnitten, sollte man pro Gast zwei Stück Torte/Kuchen plus eine Reserve einplanen. Damit meine ich für jeden Gast ein Stück Hochzeitstorte sowie ein Stück eines anderen Kuchens oder Gebäcks wie Cupcakes oder Beerentörtchen. Wird die Hochzeitstorte am Abend zum Dessert oder gar um Mitternacht serviert, werden erfahrungsgemäß nicht mehr alle Gäste Lust auf Torte haben. Diese kann dann deutlich kleiner ausfallen. Bei mir beginnt der Preis ab 7 Euro pro Stück/Person. Sehr aufwendig verzierte Hochzeitstorten bewegen sich je nach Größe zwischen 10 und 12 Euro pro Stück/Person.

Deine Spezialität sind außergewöhnliche Sweet-Table-Konzepte, in deren Zentrum die Hochzeitstorte steht. Welchen Zeitpunkt empfiehlst du, um die Köstlichkeiten zu servieren?

Ich bin Fan davon, den Sweet Table sofort als erstes Highlight nach der Trauung zum Nachmittagsempfang zu eröffnen, dazu sind Sekt und etwas Salziges eine tolle Ergänzung. Zu diesem Zeitpunkt hängt gerade Gästen, die eine weitere Anreise hatten, der Magen schon in den Kniekehlen. Appetit und Wertschätzung der Gäste sind am Nachmittag am größten. Ein weiterer wichtiger Faktor ist das Tageslicht. Selbst guten Fotografen ist es schier unmöglich, am Abend oder nachts schöne Bilder von Sweet Table und Hochzeitstorte zu machen, da die Lichtverhältnisse dann mehr als ungünstig sind.

Du hast die internationalen Hochzeitstrends bestens im Blick. Was sind deine Favoriten für die nächste Saison?

Der Stil der Hochzeiten wird gerade wieder klassischer und die Farbgebung dunkler. Ich glaube, Schwarz erlebt ein großes Revival. Weiterhin beliebt werden auch Metallfarben wie Gold oder Roségold sein.

Und was darf auf keiner Torte fehlen?

Für mich müsste die Frage eher lauten: Was darf *in* keiner Torte fehlen? Meine Antwort: beste Zutaten! Damit meine ich frische Früchte, Eier vom Bauern, Butter, frische Sahne. Auf keinen Fall Pülverchen, Backmischungen und Convenienceprodukte. Denn am Ende zählt die hübscheste Torte nichts, wenn sie nicht geschmacklich überzeugt!

DIE SCHÖNSTEN DETAILS DES TAGES

Mithilfe eures Hochzeitskonzeptes habt ihr bereits persön-
liche Schwerpunkte gesetzt. Widmet euch nun den kleinen,
liebevollen Details, mit denen ihr selbst dem traditionellen
Ablauf einer Hochzeit eine ganz individuelle Note verleiht.
Denn über ausgewählte, außerordentlich schöne Details
sprechen eure Gäste noch viele Jahre später.

DIE TRAUUNG

Am Hochzeitstag dreht sich alles um euer Jawort – die Trauung in den Mittelpunkt zu rücken und ganz nach eurem Geschmack zu gestalten, bietet sich daher an. Legt besonderen Wert auf die Auswahl eures Pastors. Begleitet euch ein Geistlicher bereits seit Kindertagen? Seid ihr in eurer Gemeinde tief verwurzelt? Wünscht ihr euch einen Gottesdienst oder eine Trauzeremonie?

Das Vorgespräch mit dem Pastor bietet euch Gelegenheit, euren Gestaltungsfreiraum genau zu besprechen. Gebt eurer Trauung eine persönliche Note, indem ihr Texte und Lieder, die für euch von Bedeutung sind, integriert. Beschäftigt euch mit den biblischen Versen und wählt einen Trauspruch, der genau zu euch passt. Oft ist es auch bei einer kirchlichen Trauung möglich, ein individuelles Eheversprechen einzubinden – da bleibt bestimmt kein Auge trocken! Trauzeugen und enge Angehörige beim Verlesen der Fürbitten einzubinden, ist ebenfalls eine schöne Möglichkeit.

Seitens der katholischen Kirche wird es gerne gesehen, wenn das Brautpaar gemeinsam in die Kirche einzieht, um den göttlichen Segen zu erhalten. Durch amerikanische Filme hierzulande aber sehr beliebt: Der emotionale Einzug der Braut am Arm ihres Vaters mit einer offiziellen Übergabe an den Bräutigam, der bereits vor dem Altar wartet. Als schöne Variante kann der Bräutigam auch auf halbem Weg seine Braut in Empfang nehmen und das Brautpaar schreitet die letzten Meter gemeinsam nach vorn.

Der emotionale Höhepunkt eurer Trauung ist natürlich euer Jawort. Mit einer musikalischen Untermalung sorgt ihr für weitere Gänsehautmomente: Eine Sängerin, die die Hochzeitsgesellschaft bei den Kirchenliedern begleitet oder einen bedeutungsvollen Song als Solo vorträgt. Ein Gitarrenspieler, der mit einer akustischen Interpretation eures Liebesliedes alle zu Tränen rührt. Musikalische Familienmitglieder, die gemeinsam nur für euch spielen. Oder gar ein ganzer Chor, der eure Zeremonie mit seinem Gesang erfüllt.

Ist einer von euch evangelisch und der andere katholisch, könnt ihr euch für eine ökumenische Trauung entscheiden. Falls ihr nicht Mitglied einer Kirche seid oder euch interreligiös und multikulturell trauen lassen wollt, empfiehlt sich eine freie, weltliche Trauung. Zumeist leitet dann ein freier Theologe oder Redner durch die Zeremonie, die sich an euren individuellen Wünschen orientiert, gleichzeitig aber traditionelle Elemente wie Jawort, Ringtausch und Kuss beinhaltet. Daneben dürft ihr bei der freien Trauzeremonie auch ganz moderne Rituale einbinden, denn sie erlaubt auch, dass ihr euch unter freiem Himmel das Jawort gebt. Wichtig ist, dass ihr einen persönlichen Bezug zum gewählten Ritual habt: Ihr reist gemeinsam zu den Traumstränden der Welt? Dann liegt eine

Sandzeremonie durchaus nahe. Euch ist es wichtig, gemeinsam Wurzeln zu schlagen? Dann pflanzt symbolisch einen Baum. Das Anzünden einer Hochzeitskerze lässt sich ebenfalls in die Trauung integrieren.

Eine freie Trauung lässt sich sowohl puristisch nur mit Worten und Liedern gestalten als auch ganz unter ein Motto oder Thema stellen. Einige Trauredner haben sich auf spektakuläre Zeremonien spezialisiert – von einer Star-Wars-Trauung bis zum Rockabilly-Jawort ist alles möglich.

DIE BEGRÜßUNG DER GÄSTE

Als Brautpaar habt ihr an eurem Hochzeitstag im Normalfall erst nach der Trauung die Möglichkeit, eure Gäste gemeinsam zu begrüßen. Nach den ersten Gratulationen unmittelbar nach eurem Jawort bietet ein Sektempfang einen stilvollen Rahmen, um einige Worte an eure Gäste zu richten und ihnen für ihr Kommen zu danken. Wenn die komplette Hochzeitsgesellschaft das Glas erhebt, um euch als Brautpaar Glück und Liebe zu wünschen, ist das ein Moment für die Ewigkeit!

Eine eindrucksvolle Variante: Soll euer Sektempfang in direkter Umgebung des Standesamtes oder der Kirche stattfinden, kann ein mobiler Barwagen oder »Prosecco-Van« gekühlte Getränke und Fingerfood für eure Gäste bereithalten. Sie kommen oft in Form von restaurierten Old-timern oder Ape-Kleinwagen, die eure Hochzeitsgesellschaft garantiert begeistern.

Findet der Sektempfang in der Feierlocation statt, könnt ihr eure Be-grüßungsrede ruhig etwas ausdehnen und ihr somit die gewünschte Bedeu-tung verleihen – denn hier können ältere Gäste Sitzmöglichkeiten finden, kleine Kinder herumtoben und alle anderen Gäste sich akklimatisieren.

EINE SÜSSE ÜBERRASCHUNG

Du bist eine begeisterte Kuchen- und Tortenbäckerin? Das sonntägliche Kuchenessen ist eine langjährige Familientradition? Cafébesuche ste-hen in eurer Freizeit regelmäßig auf dem Programm? Dann sollte eine exquisite Auswahl an süßen Kreationen an eurem Hochzeitsnachmit-tag nicht fehlen! Wenn sich der Programmpunkt »Kaffee und Kuchen« in ein verzuckertes Sweet-Candy-Table-Paradies samt Hochzeitstorte, Cupcakes, Cake Pops, Tartes und Törtchen verwandelt, werden eure Gäste Augen machen.

Alle kleinen Gäste freuen sich noch lange nach der Hochzeit über eine Candy Bar: Eine Auswahl an beliebten Süßigkeiten kann in kleinen Tütchen mit nach Hause genommen oder direkt vernascht werden. Und auch die großen Gäste erleben schöne Momente angesichts der liebevoll dekorierten Gläser und Dosen, wenn sie ihr Lieblingsweingummi aus Schulzeiten wiederentdecken.

Voll im Trend: Zur Hochzeitstorte servieren Kaffeeenthusiasten eine eigene Kaffeebar. Dahinter steht ein Profibarista, der eure Gäste kunstvoll mit frischen Kaffeespezialitäten wie Latte Macchiato und Flat

White versorgt. Das i-Tüpfelchen verleiht ihr eurer Kaffeetafel, indem ihr sie komplett mit Vintage-Geschirr eindeckt oder eure Lieben mit hübschen Gastgeschenktassen überrascht. Kulinarische Highlights in Kombination mit einer außergewöhnlichen Dekoration bleiben für immer im Gedächtnis eurer Gäste.

KREATIVES NACHMITTAGSPROGRAMM

Wenn ihr den Schwerpunkt eurer Feier auf die Unterhaltung der Hochzeitsgesellschaft legen wollt und einige eurer Gäste aus unterschiedlichen Landesteilen oder dem Ausland anreisen, bietet ihnen doch die Möglichkeit, die Umgebung oder die Anlage der Location zu erkunden.

Eine Barkassenrundfahrt auf der Elbe? Eine Tour durch Berlin im Sightseeingbus? Eine kleine Wanderung durch die Alpen? Der Hochzeitsnachmittag lässt sich kreativ füllen. Statt Sektempfang und Tortenbüfett gibt es ein extratolles Proviantpaket und unvergessliche Kulturerlebnisse für eure Gäste.

Solltet ihr in einem Schlosspark oder Hotel mit Parkanlage feiern, ladet doch eure Hochzeitsgesellschaft zu Rasenspielen wie Kricket, Wikingerschach oder Riesen-Scrabble ein. Der rustikale Gutshof verfügt über eine grüne Wiese? Tipis und Loungebereiche bieten euren Gästen Zeit für Entspannung und gute Gespräche.

Gut zu wissen: Sehr traditionelle und förmliche Hochzeitsfeiern sehen am Nachmittag eine Pause vor, in der sich die Gäste zurückziehen, um am Abend in entsprechender Garderobe wieder zu erscheinen. Brautpaare können diesen Zeitraum für ein ausgedehntes Paarshooting mit ihrem Hochzeitsfotografen nutzen – dies gilt natürlich auch für alle anderen kreativen Ideen am Nachmittag. Denn Zeit zu zweit solltet ihr euch als Brautpaar unbedingt einplanen.

BETREUUNG FÜR DIE KLEINEN

Viele Eltern erleben eine vom Brautpaar organisierte Kinderbetreuung als schöne Aufmerksamkeit. So können die Blumenkinder und alle anderen Kleinen die Trauung miterleben, am Nachmittag miteinander spielen und abends in guten Händen einschlummern.

Eine professionelle Kinderbetreuung kann bereits am Nachmittag beginnen, einen eigenen Kindertisch mit Spielzeug und Malsachen während des Hochzeitsdinners umfassen sowie am Abend und in der Nacht ein Babysitting oder eine Babyphone-Überwachung in einem separaten Kinderraum beinhalten. Für diesen Service stehen euch Betreuungs- und Kindereventagenturen zur Verfügung. Alternativ finden sich in lokalen Kindergärten oft passende Fach- und Hilfskräfte.

KULINARISCHE HIGHLIGHTS AM ABEND

Gemeinsam an einer festlich eingedeckten Tafel Platz zu nehmen, um den wunderbaren Anlass eurer Hochzeit zu feiern, darauf freuen sich alle Gäste. Tatsächlich bleiben Speisen und Getränke als zentraler Punkt im Gedächtnis der Hochzeitsgesellschaft – hierauf bei der Planung einen Schwerpunkt zu legen, empfiehlt sich immer.

Generell bieten Hochzeitslocations und Caterer die Möglichkeit eines Probeessens mit entsprechender Wein- und Getränkeverkostung an. Dies ist eine schöne Gelegenheit, um mit euren Trauzeugen einen Abend in eurem Hochzeitsumfeld zu erleben, die Atmosphäre einzufangen und noch einmal in aller Ruhe die Location anzusehen. Je nach Umfang und Gästeanzahl ist dieses Essen gegebenenfalls kostenpflichtig, ihr könnt euch so aber von der Qualität der Speisen und Getränke überzeugen und nach persönlichem Geschmack auswählen.

Besonders elegant und edel wirkt ein Hochzeitsmenü, das aus mehreren Gängen besteht. Besprecht eure Vorstellungen mit dem Caterer oder der Küche der Location. Dafür solltet ihr im Vorfeld die Vorlieben eurer Gäste erfragen, damit es für Vegetarier, Veganer oder Allergiker ein entsprechendes Menü geben kann. Bei der Wahl eines Menüs spielt zudem der Zeitfaktor eine wichtige Rolle: Mit dem Küchenchef solltet ihr beziehungsweise eure Trauzeugen oder der Zeremonienmeister alle geplanten Unterbrechungen wie Reden oder andere Überraschungen, die zwischen den einzelnen Gängen stattfinden sollen, besprechen. So können sich Küche und Servicepersonal auf diese Pausen einstellen und das Essen optimal servieren. Während eines Menüs verweilen alle Gäste an ihren Plätzen und genießen die festliche Stimmung.

Zeitlich entspannter gestaltet sich ein Büfett. Daneben bietet die vielfältige Auswahl der Speisen für jeden Gast ein passendes Angebot. Stellt euer Büfett doch unter ein spezielles kulinarisches Thema, um eine persönliche Note hinzuzufügen. Ihr steht auf Burger und Barbecues? Dann empfiehlt sich ein Grillbüfett. Ihr liebt das Meer und feiert eine Hochzeit am Strand? Ein Büfett mit Fisch- und Meeresfrüchtespezialitäten könnte nicht passender sein! Im Gegensatz zu einem servierten Menü findet bei einem Büfett viel Bewegung im Raum statt, da sich eure Gäste selbst bedienen und parallel die Speisen für sich entdecken. Ein wichtiger Aspekt: Bringt in Erfahrung, wo das Büfett serviert und wie dieser Bereich gestaltet wird. Könnt ihr Dekorationselemente hinzufügen oder im Stil eurer Hochzeitspapeterie designte Speisenbezeichnungen aufstellen?

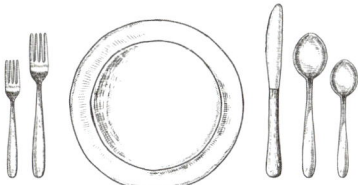

Falls sich der Festsaal eurer Location nicht für ein Büfett eignet, ihr aber nicht auf eine etwas aufgelockerte Atmosphäre verzichten möchtet, ist ein sogenanntes »Family-Style Wedding Dinner« genau das Richtige. Beim Hochzeitsessen im Familienstil verweilen eure Gäste an ihren Tischen und bedienen sich selbst aus aufgetragenen Schüsseln.

Doch auch eine Mischung aus Menü und Büfett ist möglich: Ihr lasst die Vorsuppe servieren, sodass eure Gäste eine Zeitlang an den Tischen verweilen. So entsteht nach diesem Gang der ideale Zeitpunkt für eine Rede. Währenddessen wird das Büfett vorbereitet und die Gäste können sich im Anschluss selbst bedienen. So wird die anfänglich sehr festliche Atmosphäre automatisch ein wenig gelöster und leitet wunderbar zur ausgelassenen Feier über.

Moderne Caterings setzen sich größtenteils aus Pauschalen pro Gast zusammen – gerade bei Getränken lohnt sich deshalb ein Blick auf das Budget. Zum Getränkestandard zählen neben Bier und Wein vor allem Wasser, Softdrinks, Säfte und Schorlen. Es ist durchaus üblich, andere und kostenintensive Drinks von der Pauschale auszuschließen.

Um auch bei den Getränken eine persönliche Note einzubringen, sind sogenannte »Signature Drinks« eine kreative Abwechslung auf der Getränkekarte. So können eure Gäste zum Beispiel zu Ehren der Braut einen Sekt auf Eis oder einen Gin Tonic als Lieblingsdrink des Bräutigams bestellen. Oder bietet doch gleich eine spezielle Eigenkreation an und erzählt die kurze Geschichte dahinter auf eurer Menükarte.

Ganz unterschiedlich handhaben Caterer die Kaffeespezialitäten: Klärt vorab, welche in eurer Pauschale inkludiert sind oder ob diese separat abgerechnet werden. Aber keine Sorge, geübtes Servicepersonal formuliert euren Gästen gegenüber sehr gekonnt, welche Spirituosen und Kaffeespezialitäten für euren Hochzeitsabend vorgesehen sind.

DAS TANZVERGNÜGEN

Euch liegt eine richtig gute Hochzeitsparty besonders am Herzen? Dann gilt es, bereits bei der Wahl eurer Location nach einer perfekten Tanzfläche zu suchen, auf gutes Equipment und Lärmschutzvorgaben zu achten und – vor allem – einen professionellen Hochzeits-DJ oder eine Band zu engagieren.

Stimmungsvolle Hintergrundmusik während des Dinners läutet bereits die letzte und wohl ausgelassenste Phase eures Hochzeitstages ein. Mit einem Hochzeitstanz die Tanzfläche offiziell zu eröffnen, ist eine schöne Tradition, die sich zudem individuell gestalten lässt: zum einen durch die Songauswahl, zum anderen durch eure Choreografie. Vom klassischen Wiener Walzer bis zum überraschenden Disco Dance Move ist heutzutage alles erlaubt.

Der beliebten Hochzeitstradition entsprechend, tanzt das Brautpaar nach dem Eröffnungstanz mit den Elternteilen – die Braut mit ihrem Vater, der Bräutigam mit seiner Mutter. Danach wendet sich die Braut ihrem Schwiegervater und der Bräutigam seiner Schwiegermutter zu, während die anderen Elternteile miteinander tanzen. Erst im Anschluss stoßen weitere Hochzeitsgäste auf der Tanzfläche dazu.

Gerade Eltern liegt es oft sehr am Herzen, an diesem Brauch festzuhalten – solltet ihr eine moderne Lösung bevorzugen, kommuniziert dies vorab ganz klar oder findet eine gute Mischform, beispielsweise einen Braut-Vater-Tanz im Laufe des Abends. Falls ihr euch nichts aus Standardtänzen macht und eine rauschende Party feiern wollt, könnt ihr mit allen Freunden gemeinsam die Tanzfläche eröffnen – involviert auch das Team Braut und den DJ in eure Pläne.

Euer DJ wird es bestätigen: Ist die Tanzfläche einmal eröffnet, sollte die Musik im Idealfall nicht mehr gestoppt werden. Denn jede Unterbrechung führt dazu, dass eure Gäste in großen Gruppen zum Luftschnappen nach draußen strömen, an der Bar anstehen oder im Zweifel beschließen, den Heimweg anzutreten. Plant ihr um Mitternacht einen besonderen Programmpunkt, der die Aufmerksamkeit aller Gäste erfordert, solltet ihr den zeitlichen Ablauf vorab mit eurem DJ besprechen, damit dieser die Musik planen und nach der Unterbrechung wieder ordentlich anheizen kann.

Einen Mitternachtssnack in Form einer Currywurst oder herzhaften Käseplatte könnt ihr jederzeit unkommentiert in der Nähe der Tanzfläche anbieten – die Gäste werden ihn sicher finden und sich für die nächste Tanzeinlage stärken. Auch hier könnt ihr euch kulinarisch austoben: Liebt die Braut Pommes frites über alles? Oder isst der Bräutigam für sein Leben gerne Cheeseburger? Eine Hommage an euer Lieblings-Fast-Food findet zu später Stunde ganz gewiss großen Anklang.

EIN RUHIGER AUSKLANG

Euch ist es als Gastgebern wichtig, die Feier nach dem Dinner stimmungsvoll ausklingen zu lassen? Aktuell steht dabei das Thema »Bar« hoch im Kurs: Fördert eine Kaffeebar oder eine Candy Bar eher am Nachmittag die Stimmung, bietet am späteren Abend eine hippe Gin-Tonic-Bar oder eine elegante Whisk(e)y-und-Zigarren-Bar einen besonderen Anlaufpunkt und Gesprächsstoff für die Gesellschaft. An der cool inszenierten Station treffen sich Jung und Alt, fachsimpeln über edle Spirituosen und kommen so miteinander ins Gespräch.

Wartet am nächsten Morgen der Flieger in die Flitterwochen auf euch? Falls ihr die Hochzeitsfeier zu einer bestimmten Uhrzeit beenden wollt, könnt ihr euch am amerikanischen Modell des »Send-Offs«, der offiziellen Verabschiedung des Brautpaares, orientieren. Dabei verlässt das Brautpaar nach dem angekündigten letzten Tanz unter dem Applaus der Gäste und mit einem Konfetti- oder Wunderkerzenregen den Festsaal und die Hochzeitsfeier findet somit ein offizielles Ende.

Eine weitere schöne Idee für einen stilvollen Ausklang eures Festes: ein gemeinsames »Lagerfeuer« aus Teelichtern und Kerzenhaltern in der Mitte der Tanzfläche. Auf bequemen Kissen, Decken oder Poufs, die von euren Trauzeugen organisiert werden können, darf der »harte Kern« eurer Gäste bei ruhiger Musik ein letztes Getränk mit euch einnehmen. Es gibt schon erste Bilder aus der Photo Booth oder der Sofortbildkamera? Schaut euch gemeinsam die Schnappschüsse an, blättert in eurem Gästebuch und lasst mit euren engsten Freunden den Hochzeitstag Revue passieren. Genießt den ruhigen Moment am Ende des erlebnisreichen, emotionalen Tages.

Damit ihr euch als Brautpaar ganz entspannt von eurem Fest verabschieden könnt, plant schon vorher alle organisatorischen Schritte – zum Beispiel, wer wann die Rechnungen und Trinkgelder zahlt, wer sich um den Geschenketransport kümmert und wie ihr zu eurem Hotelzimmer oder nach Hause kommt. Sollten eure Trauzeugen einen Shuttleservice organisiert haben, gehört das letzte Taxi natürlich dem Brautpaar!

DIE HOCHZEITSNACHT

Und dann ist er vorbei, euer Hochzeitstag. Die Zeit ist wie im Fluge vergangen. Stand früher – aus Gründen! – bei frisch verheirateten Paaren die Hochzeitsnacht besonders hoch im Kurs, feiern Brautpaare heute oft bis in die Morgenstunden mit ihren Gästen eine ausgelassene Party, um dann völlig kaputt in die Federn zu fallen. Und was dort dann passiert, ist natürlich ganz euch überlassen …

Meine Profitipps

◇ Wunderkerzen zum Hochzeitstanz. Sofern es die Brandschutzbestimmung der Location erlaubt, erleuchten die Funken der Wunderkerzen, die eure Gäste in den Händen halten, die Tanzfläche und zaubern eine besonders romantische Stimmung während eures Hochzeitstanzes.

◇ Spaß in der Photo Booth. Je später der Abend, desto lustiger die Bilder! Damit Tanz und Fotobox nicht um die Aufmerksamkeit eurer Gäste konkurrieren, platziert diese am besten in der Nähe der Tanzfläche. Lustige Accessoires erhöhen den Spaßfaktor!

◇ Unplugged Wedding. In den USA bereits sehr beliebt, bitten hierzulande auch immer mehr Brautpaare ihre Gäste darum, Smartphones und Fotoapparate unter anderem während der Trauzeremonie in der Tasche zu lassen. Besondere Momente lassen sich »ausgestöpselt« viel besser gemeinsam genießen. Und keine Sorge: Der Hochzeitsfotograf hält ohnehin alle Details in Bildern für euch fest!

EDITOR'S CHOICE

Dekoration zum Mieten

Accessoires und Mobiliar, die jede Hochzeit verschönern, können bei diesen Anbietern ausgeliehen werden:

Anmut und Sinn: Dekoration, Design und Hochzeitskonzepte, die in Erinnerung bleiben. *www.anmutundsinn.de*

Goldröschen: Premiumporzellan und nostalgische Dekoration für Hochzeiten und Feste. *www.goldroeschen.de*

Lieschen und Ruth: Hier kann man Vintage-Porzellan für Glücksmomente leihen. *www.lieschenundruth.com*

Nimm Platz: Schöne Klappstühle und lange Tafeln – ein Traum in Pastell. *www.nimmplatz.com*

Experteninterview

Thorsten Heyer, [blickfang] Event Design

Hochzeits- und Eventdesigner aus Mainz

www.blickfang-eventdesign.de

[blickfang] Event Design steht für außergewöhnliche Hochzeitsdesigns und kreative Konzepte. Wie bleibt ein Brautpaar seinem Stil beim Hochzeitskonzept treu?

Wichtig ist, dass die Paare voll und ganz auf ihren Bauch hören und bei der Gestaltung der Feier zum Beispiel nicht versuchen, Eltern und Freunden gerecht zu werden. Denn meist entstehen so Konzepte, die nicht stimmig sind. Ich rate daher den Paaren, den Tag so zu gestalten, wie allein sie es mögen. Erst dann wird die Feier perfekt und spiegelt die Persönlichkeiten der Gastgeber wider.

Eure Installationen sorgen bei den Gästen immer für einen Wow-Effekt – wie kreiert man eine Dekoration, die so begeistert?

Wir versuchen, nie die Bilder zu erzeugen, die die Gäste erwarten. Daher haben wir einen ausgefallenen Fundus und verzichten auf Klassiker wie Silberleuchter, farbige Stuhlhussenbänder und weiße Tischdecken. Wir spielen auch gerne mit den Stilrichtungen: So kombinieren wir schon mal eine romantische Scheune mit einer modernen und puristischen Ausstattung. Positiv schocken – das ist unsere Devise.

Viele Hochzeitslocations weisen sehr prägnante Farben auf. Wie findet die Braut dafür eine stimmige Lösung im eigenen Farbkonzept?

In diesem Fall gibt es zwei Möglichkeiten: Entweder versucht man, die Farbe der Location mit seinem Wunschkonzept zu vereinen, um so einen perfekten Übergang zu gewährleisten. Oder wir bemühen uns, die prägnanten Farben in der Location zu kaschieren. So ist es für uns ganz normal, dass wir vor Ort Vorhänge abhängen, Polster und Kissen austauschen oder sogar den gemusterten Teppich mit einem neutralen Boden belegen.

Als kreativer Kopf der Hochzeitsbranche gibst du regelmäßig neue Trendimpulse. Welche Materialien und Accessoires liegen momentan besonders weit vorn?

Seit fünf Jahren gibt es keine klassischen Trends mehr. Früher war es so, dass jedes Jahr eine bestimmte Farbe vorherrschte oder jede zweite Braut Orchideen verwenden wollte. Zwischenzeitlich geht der Trend zur Individualität – und die Geschmäcke sind dabei sehr unterschiedlich. Momentan beobachte ich, dass die Vintage-Welle abflacht. Denn unsere Paare haben wieder Lust auf klare, moderne Designs.

Und verrätst du uns dein absolutes Hochzeitsdeko-No-Go?

Da gibt es einige: zu kurze Tischdecken, farbige Stuhlhussenbänder oder der rote Teppich bei freien Trauungen.

DER MORGEN DANACH

Frisch verheiratet aufzuwachen, zusammen die besonderen Momente des Hochzeitstages noch einmal durchzugehen, um danach als Ehepaar gemeinsam in ein neues Leben zu starten – das ist einfach wunderschön! Idealerweise über-legt ihr bereits vorab, welche Aufgaben der Morgen nach der Hochzeit für euch bereithält und wie ihr diesen verbringen wollt.

EIN AUSGIEBIGES FRÜHSTÜCK

Solltet ihr mit vielen Gästen in der Location übernachten, teilt euren Lieben eine konkrete Uhrzeit mit, zu der ihr alle gemeinsam frühstü-cken oder brunchen wollt. So könnt ihr euch am Morgen noch einmal in die Arme fallen, ein gutes Frühstück genießen und eure Gäste danach offiziell verabschieden. Auch wenn ihr zu Hause übernachtet, solltet ihr euer erstes Frühstück als Ehepaar zelebrieren.

In einigen Regionen ist es sogar Brauch, dass Brautpaar und Freunde mit langem Durchhaltevermögen direkt nach der ausgedehnten Hochzeitsfeier gemeinsam zu einem Katerfrühstück aufbrechen. Andernorts verstecken die Trauzeugen kleine Überraschungen in der Wohnung der frisch Vermählten. Das lässt sich natürlich auch in einem Hotel umsetzen: Ein Zimmer voller Luftballons, ein Bett aus Rosenblättern – seid gespannt, was sich eure Gäste einfallen lassen!

DIE LETZTEN ERLEDIGUNGEN

Als Brautpaar und Gastgeber habt ihr am Morgen noch einen wichtigen Job: Ihr müsst eure Hochzeit organisatorisch abschließen. Das heißt, ihr solltet vorab alle Details mit dem Veranstalter besprechen, beispielsweise wer eure Hochzeitsdekoration abnimmt und verpackt, wo ihr diese abholen könnt oder ob am Abend der Feier oder erst am Morgen danach offene Rechnungen bezahlt werden müssen.

Falls ihr Möbel, Dekoration oder Accessoires ausgeliehen habt, sorgt dafür, dass diese im vereinbarten Zeitrahmen wieder den Weg zu ihren Besitzern finden. Oftmals vergessen Gäste wichtige persönliche Gegenstände vor Ort, deren Rückgabe organisiert werden muss. Wenn ihr nicht alle Aufgaben alleine übernehmen wollt, fragt vorab eure Familien und engen Freunde, ob sie euch am Morgen nach der Feier behilflich sein können. Dies gilt besonders, falls ihr am Tag nach der Hochzeit bereits in die Flitterwochen aufbrecht.

ERINNERUNGEN BEWAHREN

Am liebsten würdet ihr sicher den ganzen Hochzeitstag konservieren. Deshalb solltet ihr bestimmten Details und Angelegenheiten am Tag nach der Hochzeit noch einmal eure Aufmerksamkeit schenken. Wenn du zum Beispiel deinen Brautstrauß trocknen möchtest, solltest du ihn schon am Morgen nach der Feier präparieren: zuerst gut abtrocknen, vorsichtig mit Haarspray besprühen und dann an einem dunklen Ort umgedreht aufhängen. Werft zudem einen Blick auf eure Outfits und Schuhe – gibt es Flecken und andere Malheure, die beseitigt werden sollten, bevor ihr Brautkleid und Hochzeitsanzug ordentlich verstaut?

Große Freude bereitet vor allem der Blick auf eure Geschenke: Nehmt euch am Tag nach der Hochzeit einen Moment, um gemeinsam alle Karten zu lesen und eure Geschenke auszupacken. Falls ihr euch einen Zuschuss zur Hochzeitskasse gewünscht habt, ist nun auch der Zeitpunkt gekommen, um das Bargeld sicher zu verwahren. Ein Tipp: Notiert in eurer digitalen Gästeliste, von welchem Gast ihr welches Geschenk erhalten habt – so könnt ihr euch bei Gegeneinladungen zu Hochzeiten am Präsent und seinem Wert gut orientieren. Bewahrt die Gratulationskarten doch nach der Hochzeit in einer schönen Box auf, so könnt ihr sie an euren Hochzeitstagen immer wieder hervorholen und euch daran erfreuen.

Meine Profitipps

◇ Katerpaket. Bittet das Hotelpersonal, während der Feier Kopfschmerztabletten und Mineralwasser auf die Zimmer eurer Übernachtungsgäste für den Morgen danach zu bringen.

◇ Stauraum einplanen. Beim Thema Hochzeitsgeschenke laufen eure Gäste bestimmt zur Höchstform auf und überraschen euch mit großen Arrangements. Plant genügend Stauraum für den Transport nach Hause ein oder mietet gleich einen Transporter.

◇ Blüten pressen. Statt den kompletten Brautstrauß zu trocknen, kannst du auch einzelne Blüten pressen und danach dekorativ in einem Bilderrahmen arrangieren.

DEINE BUDGETPLANUNG

Damit du euer Budget stets im Blick hast,
kannst du hier die zu erwartenden Kosten eintragen.

POSITION	KOSTEN
Standesamt	
Stammbuch	
Kirchenspende/Trauort	
Feierlocation	
Mobiliar, Tischwäsche und Geschirr	
Servicepersonal/Trinkgeld	
Dekoration für Trauort und Location	
Essen und Getränke	

POSITION	KOSTEN
Grafikdesigner/Kalligraf	
Fotograf/Videograf	
Trauredner _Jana_	—
Sänger/Musiker für Trauung	
DJ/Band für Feier	
Stylist _Sasi_	—
Florist	
Wedding Designer/Dekorateur	
Konditor/Cake Designer	
Goldschmied/Juwelier	
Hochzeitsplaner	
Kinderbetreuung	

DEINE IDEEN

*Hier ist Platz, um deine Gedanken festzuhalten, ein
Mood Board zu erstellen und Inspiration zu sammeln.*

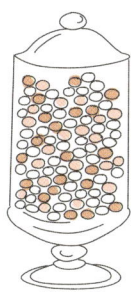

Moderne Hochzeitsdekoration

Angesagte Accessoires, die eure Hochzeit verschönern

Hängende Elemente: In Sachen Wand- und Deckenschmuck liegen natürliche Elemente wie Blättergirlanden und Zweige voll im Trend. Langlebiger gestalten sich Girlanden und Wimpelketten aus Stoff oder Papier, die sich nach der Hochzeit wiederverwenden lassen. Mit hängenden Elementen wie Pompoms oder Wabenbällen in den Farben eurer Feier lässt sich jeder Festsaal individuell verändern.

Schwebende Elemente: Glitzernde, mit Helium gefüllte Folienballons in Gold oder Silber sind nicht nur ein hübsches Fotoaccessoire für das Paarshooting, sondern verschönern auch jeden Festsaal. Als schwebende Tischnummern oder Buchstaben an den Stühlen des Brautpaares befestigt, sorgen sie für tolle Effekte.

Vintage-Möbel: Es lohnt sich, vor der Hochzeit auf Flohmärkten zu stöbern und nach alten Küchenbuffets, Kommoden oder Leitern Ausschau zu halten. In Kombination mit Vintage-Accessoires und Glasbehältern verleihen Vintage-Möbel eurer Location besonderen Charme und dienen als Candy Bar, Sitzplanbefestigung oder Ablagefläche für euer Gästebuch. Wer keine eigenen Anschaffungen tätigen will, leiht sich bei einem Hochzeitsdekorateur passende Utensilien.

Besondere Stühle: Statt 08/15-Bankettstühle mit kostspieligen Hussen zu verhüllen, entscheidet euch lieber für moderne und ausgefallene Mietstühle, die genau zu Farbe und Stil eures Hochzeitskonzeptes passen. Bei einer freien Trauung könnt ihr zudem mit zwei außergewöhnlichen Stuhlexemplaren für Braut und Bräutigam einen Akzent setzen.

Geschmückter Traubogen:
Um einer freien Trauung einen visuellen Mittelpunkt zu geben, empfiehlt sich das Aufstellen eines Traubogens. Aus Holzbalken oder Baumstämmen gestaltet, bietet er vielfältige Dekorationsmöglichkeiten: Blumen, Seidenbänder oder Spitzenstoffe lassen sich wunderbar darum drapieren.

Auffällige Tischdecken: Mit langen Tischdecken lassen sich Hotel- und Restauranttische einfach und festlich verhüllen. Dabei lösen besondere Farben und Muster oder auch auffällige Tischläufer die Standardfarbe Weiß ab und sorgen für ein zeitgemäßes Styling. Französisches Bistroflair für eine rustikale Landhochzeit gewünscht?

Rot-weiß karierte Tischdecken machen es möglich!

Kerzen und Lichterketten: Auf echte Kerzen solltet ihr am Abend eurer Feier nicht verzichten. Mit lange brennenden Teelichtern in Kerzenhaltern taucht ihr dunkle Bereiche in stimmungsvolles Licht. Langstielige Stabkerzen in goldenen Ständern sorgen in Gruppen arrangiert für eine besonders edle Note. Für den Außenbereich bieten sich Kerzen in dekorativen Windlichtern an und wer einen urbanen, skandinavischen Look bevorzugt, wählt moderne Lichterketten mit großen Leuchtmitteln aus.

KAPITEL 5

TIPPS UND CHECKLISTEN

IRRTÜRMER UND TIPPS RUND UMS SPAREN

Sicherlich habt ihr euch an der einen oder anderen Stelle bereits gefragt, was das bloß alles kosten soll. Mit Blick auf das Budget immer nur den günstigsten Anbieter zu buchen, ist nicht die beste Lösung. Vielmehr gilt es, umsichtig auszuwählen und die Hochzeit wunderschön und euren finanziellen Mitteln entsprechend zu gestalten.

———————

»Wir machen ganz viel selbst«: Der wohl häufigste Gedanke beim Thema Hochzeit, der allerdings mehr Geld kostet, als man denkt. Gerade im Dekorationsbereich gibt es so viele günstige Angebote, dass eine DIY-Lösung deutlich mehr Budget verschlingt. Was die meisten Brautpaare zunächst nicht bedenken: Die Zeit, die man selbst dafür investieren muss.

»Wir heiraten zu Hause im Garten, das spart Geld«: Im eigenen Garten zu heiraten, kommt dem Einrichten einer leeren Wohnung gleich — alles muss besorgt und vor Ort aufgebaut werden. Die Kosten für Mietmöbel, Servicepersonal und Catering übersteigen oft die Pauschalen einer Hochzeitslocation. Eine Feier im eigenen Garten lohnt sich wirklich nur bei sehr kleinen Gesellschaften.

»Irma backt die Hochzeitstorte«: Eine Kostenfalle verbirgt sich auch hinter dem Gedanken, die Hochzeitstorte von einer Freundin oder das Dessertbüfett von der Familie anfertigen zu lassen. Denn dann fällt in den meisten Locations ein sogenanntes »Tellergeld« an. Dies gilt auch für selbst eingekaufte Spirituosen und Getränke und nennt sich »Korkgeld«.

»Wir sparen uns den teuren Fotografen, Onkel Albert kann knipsen«: Klar, Preise zwischen 1.500 und 3.000 Euro klingen zunächst hoch – allerdings arbeitet ein professioneller Hochzeitsfotograf nicht nur am Hochzeitstag für euch, sondern bearbeitet danach mehrere Tage eure Bilder. Und der Katzenjammer ist groß, wenn der passionierte Onkel oder Freund vom Freund am Ende doch nicht die Bilder liefert, die sich das Brautpaar so sehr gewünscht hat. Daher lohnt sich die Investition in einen Profi – geheiratet wird schließlich nur einmal!

»Die Blumendekoration übernehmen wir«: Wenn ihr Zugang zum Blumengroßmarkt oder einen zuverlässigen Lieferanten für frische Blumen gefunden habt, könnt ihr kostengünstig einkaufen. Allerdings solltet ihr auch hier die Faktoren Transport und Zeit nicht vergessen. Benötigt ihr einen Transporter für die vielen Blumen, schlägt dies wieder zu Buche. Und wenn ihr nicht geübt im Blumenbinden seid, kann das Arrangieren vor Ort länger dauern als geplant.

Quick Check

Spartipps, die wirklich helfen

◇ Reduziert eure Gästezahl

◇ Lasst die Hochzeitspapeterie von einer Onlinedruckerei gestalten

◇ Achtet bei der Papeterie auf das Format und das benötigte Porto

◇ Halte frühzeitig nach einem Brautkleid im Sale Ausschau

◇ Kauft einen Hochzeitsanzug, der danach im Büro getragen werden kann

◇ Wählt Schuhe, die auch zu anderen Anlässen passen

◇ Buche das Hair- und Make-up-Styling bei einem Friseur vor Ort

◇ Setzt den Beginn eurer Hochzeitsfeier auf den späten Nachmittag

◇ Serviert ein Büfett statt eines Menüs

◇ Limitiert die Getränke auf ein Standardangebot

◇ Wählt eine Minihochzeitstorte, die ihr zum Dessert anschneidet

◇ Bucht einen DJ statt einer Band

◇ Fokussiert euch auf einige wenige Highlights, die euch wirklich wichtig sind und am Herzen liegen

DIE RICHTIGE PLANUNG

Alle Infos und Inspirationen aus den bisherigen Kapiteln kannst du mit deinem Liebsten nun gemeinsam ganz konkret umsetzen. Auf den folgenden Seiten findest du ausführliche Checklisten und Vorlagen für die Planung eurer Hochzeit. Viel Spaß dabei!

DIE WICHTIGSTEN CHECKLISTEN

Nach Themenbereichen sortiert, lassen sich die zahlreichen Aufgaben, die bei der Hochzeitsplanung anfallen, gut überblicken. Allerdings solltet ihr zu Beginn eurer Planung berücksichtigen, dass einige Punkte schneller erledigt werden müssen und eine höhere Priorität genießen. Dabei hilft euch ein Blick auf die »Übersicht der möglichst schnell zu erledigenden Aufgaben«. Die darauffolgenden Checklisten geben euch einen genauen Überblick über die Themenfelder, die wichtigsten Aufgaben und deren zeitliche Abfolge – je nachdem, wie viel Zeit ihr für eure Hochzeitsorganisation habt, könnt ihr diese entspannt oder ganz fokussiert und schnell abarbeiten.

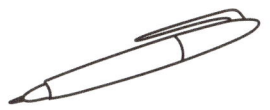

ÜBERSICHT DER MÖGLICHST SCHNELL ZU ERLEDIGENDEN AUFGABEN

- [ ] Definiert ein Hochzeitskonzept.
- [x] Legt die Höhe eures Budgets fest.
- [x] Plant den Tagesablauf der Feier.
- [x] Wählt eure Trauzeugen und das Team Braut aus.
- [x] Legt die maximale Personenanzahl fest und erstellt eure Gästeliste.
- [x] ~~Engagiert bei Bedarf einen Hochzeitsplaner.~~
- [x] Entscheidet euch für eine passende Hochzeitslocation.
- [x] Legt euer Hochzeitsdatum fest.
- [x] Bucht die wichtigsten Dienstleister (Hochzeitsfotografen, Videografen, DJ und andere).
- [x] Versendet ein Save the Date.
- [ ] ....
- [ ] ....

DIE ERSTEN SCHRITTE DER HOCHZEITSPLANUNG

- [ ] Besprecht eure Wünsche und Vorlieben hinsichtlich der Hochzeitsfeier.
- [ ] Überlegt, welche Schwerpunkte ihr setzen wollt.
- [ ] Definiert ein Hochzeitskonzept.
- [x] Legt die Höhe eures Budgets fest.
- [x] Plant den Tagesablauf der Feier.
- [x] Wählt eure Trauzeugen aus und fragt diese.
- [x] Legt euren Hochzeitstermin fest.
- [x] Reserviert Urlaubstage für Hochzeit und Flitterwochen.
- [ ] Erstellt euch digitale Listen und Ablaufpläne für die weitere Organisation.
- [ ] Meldet euch bei Bedarf für einen Tanzkurs an.
- [x] Bestimmt und informiert einen Zeremonienmeister.
- [ ] ....
- [ ] ....

DIE HOCHZEITSLOCATION

- ☑ Recherchiert passende Locations und vereinbart Vor-Ort-Termine.

- ☑ Optioniert bei Gefallen euren Wunschtermin.

- ☑ Entscheidet euch für eine Location und bucht sie für euren Hochzeitstermin.

- ☑ Recherchiert und optioniert Übernachtungsmöglichkeiten für euch und eure Gäste.

- ☑ Bucht eure Hochzeitssuite.

- ☐ Besprecht eure Wünsche für das Menü oder das Büfett und bucht ein Probeessen.

- ☐ Wählt Speisen und Getränke für Sektempfang, Kaffee und Kuchen sowie Hochzeitsdinner und Mitternachtssnack aus.

- ☐ Besprecht Sitzordnung, mögliche Tanzfläche und geeignete Orte für Dekoration, Geschenketisch, Photo Booth und andere Aufbauten.

- ☐ Organisiert und informiert helfende Hände für Auf- und Abbau.

- ☐ Plant euren Transfer zwischen Hotel, Trauort und Location mit dem Brautauto.

- ☐ ....

- ☐ ....

DIE GÄSTE

- [ ] Erstellt eine A-B-C-Liste für die Gäste samt aktueller Kontaktdaten.
- [x] Kündigt eure Hochzeit mit einer Save-the-Date-Karte an.
- [x] Verschickt die Hochzeitseinladungen.
- [x] Informiert eure Gäste über Übernachtungsmöglichkeiten.
- [ ] Organisiert Transfermöglichkeiten.
- [ ] Bucht bei Bedarf eine Kinderbetreuung.
- [ ] Überprüft den Einladungsrücklauf.
- [ ] Bereitet Willkommenspakete und Gastgeschenke für eure Gäste vor und organisiert ihre Verteilung.
- [ ] Legt eure Sitzordnung fest.
- [ ] Plant euren Geschenketisch sowie Aufbewahrung und Transport der Geschenke.
- [ ] Versendet eure Dankeskarten nach der Hochzeit.
- [ ] ....
- [ ] ....

DIE STANDESAMTLICHE TRAUUNG

- [ ] Recherchiert, welche Dokumente ihr benötigt und fordert diese an.
- [x] Wählt euer bevorzugtes Standesamt aus.
- [x] Besprecht die Namenswahl miteinander.
- [x] Meldet die Eheschließung im Standesamt an und legt Hochzeitstermin und Ehenamen fest.
- [ ] Meldet eure Trauzeugen an, wenn diese eure standesamtliche Trauung bezeugen sollen.
- [ ] Organisiert eine Trauung in ausgewähltem Kreis und ladet entsprechend ein.
- [x] Wählt eure Outfits für das Standesamt aus.
- [x] Vereinbart bei Bedarf ein Styling.
- [ ] Kauft ein schönes Stammbuch, in dem die Heiratsurkunde Platz findet.
- [ ] Bestellt den Brautstrauß für das Standesamt.
- [ ] Überlegt, ob ihr im Standesamt bereits eure Ringe tauschen wollt.
- [ ] ....
- [ ] ....

DIE KIRCHLICHE TRAUUNG

☐ Recherchiert, welche Dokumente ihr benötigt und fordert diese an.

☐ Wählt eine Kirche und den gewünschten Pastor aus.

☐ Reserviert euren Hochzeitstermin.

☐ Macht Termine mit eurem Geistlichen aus und besprecht den Ablauf der Trauung.

☐ Legt die Inhalte und Lieder fest, klärt die Beteiligung von Trauzeugen und anderen Personen.

☐ Erstellt ein Kirchenprogramm.

☐ Bestimmt und informiert Blumenkinder und Ringträger.

☐ Bestellt und organisiert die Dekoration für die Kirche.

☐ Organisiert bei Bedarf den Sektempfang vor der Kirche und einige Helfer.

☐ ....

☐ ....

DIE FREIE TRAUUNG

☐ Recherchiert verschiedene Trauredner oder freie Theologen und fragt sie mit eurem Wunschtermin an.

☐ Vergleicht die Angebote, lernt euren Favoriten persönlich kennen (Anruf, Skype, Treffen) und bucht ihn verbindlich.

☐ Legt euren Trauort fest.

☐ Vereinbart ein Vorgespräch und besprecht mit eurem Trauredner den Ablauf der Zeremonie sowie die Beteiligung von Trauzeugen und anderen Personen.

☐ Erstellt ein Programmheft.

☐ Bestimmt und informiert Blumenkinder und Ringträger.

☐ Bestellt und organisiert die Dekoration für den Trauort.

☐ Sofern ihr eine Trauung unter freiem Himmel plant, überlegt euch einen »Plan B« für schlechtes Wetter oder kauft Sonnencreme für eure Gäste, wenn mit hohen Temperaturen zu rechnen ist.

☐ ....

☐ ....

DIE HOCHZEITSPAPETERIE

☑ Recherchiert Grafikdesigner und Onlineshops, die eure Vorstellungen umsetzen können oder entsprechende Vorlagen anbieten.

☑ Entscheidet euch für ein Design, das zu eurem Hochzeitskonzept passt.

☐ Wählt alle Papeterieelemente für eure Hochzeit aus (Save the Date, Einladung, Kirchen-/Programmheft, Sitzplan, Tisch- und Namenskarten, Menükarten, Dankeskarten) und bestellt diese mit den gewünschten Texten.

☐ Organisiert die Verteilung der Papeterieelemente vor Ort.

☐ ....

☐ ....

FOTOGRAFIE UND VIDEOGRAFIE

- ☑ Recherchiert, welche Hochzeitsfotografen und/oder Videografen eurem Stil und Vorstellungen entsprechen.

- ☑ Fragt mit eurem Hochzeitstermin bei euren Favoriten an und holt Angebote ein.

- ☑ Lernt den Dienstleister persönlich kennen (Anruf, Skype, Treffen) und bucht ihn verbindlich.

- ☐ Besprecht beim Vorgespräch und kurz vor der Hochzeit den Tagesablauf im Detail, die gewünschten Bildmotive sowie den Liefertermin der Fotos.

- ☐ ....

- ☐ ....

DIE MUSIK

- ✔ Besprecht, ob ihr einen DJ und eine Band für eure Feier möchtet.

- ✔ Recherchiert einen passenden Dienstleister und fragt diesen mit eurem Hochzeitstermin an.

- ✔ Lernt den DJ oder die Musiker persönlich kennen (Anruf, Skype, Treffen) und tätigt eine verbindliche Buchung.

- ✔ Definiert, welche Musikrichtungen ihr auf eurer Feier hören wollt.

- ☐ Wählt einen Song für euren Hochzeitstanz und legt fest, wann ihr die Tanzfläche eröffnen möchtet.

- ☐ Besprecht kurz vor der Hochzeit eure konkreten Musikwünsche, den Tagesablauf und das benötigte Equipment mit dem Dienstleister.

- ☐ ....

- ☐ ....

DAS OUTFIT DER BRAUT

- ☑ Sammle Ideen, wie dein Traumkleid aussehen soll.

- ☑ Recherchiere passende Marken und Designer, erkundige dich nach Geschäften, die die Kollektionen führen.

- ☑ Vereinbare Anprobetermine in den Salons.

- ☑ Bestelle dein Wunschkleid und mache Termine zur Anpassung und Abholung aus.

- ☑ Wähle passende Accessoires und Brautschuhe aus.

- ☐ Hole dein Brautkleid ab.

- ☐ Stelle ein Notfallset für den Hochzeitstag zusammen und übergib es deiner Trauzeugin.

- ☐ Gib dein Brautkleid nach der Hochzeit in die Reinigung.

- ☐ ....

- ☐ ....

DAS BRAUTSTYLING

- [x] Sammle Ideen und überlege, welcher Look dir gefällt.

- [ ] Buche eine Stylistin für Haare und Make-up und mache einen Probetermin mit ihr aus.

- [ ] Vereinbare zwischendurch Beautyanwendungen und Friseurtermine.

- [ ] Besprich beim Probetermin mit der Stylistin deine Wünsche und kreiert gemeinsam deinen individuellen Brautlook.

- [ ] Buche bei Bedarf ein Styling für Trauzeugin, Mutter, Schwiegermutter und weitere Personen.

- [ ] Besprich mit deiner Stylistin kurz vor der Hochzeit den konkreten Tagesablauf und den gewünschten Termin für das Getting Ready.

- [ ] ....

- [ ] ....

OUTFIT UND STYLING DES BRÄUTIGAMS

☐ Sammelt Ideen, wie sein Hochzeitsanzug aussehen soll.

☐ Recherchiert passende Herrenausstatter und Geschäfte.

☐ Vereinbart Anprobetermine in den Salons.

☐ Bitte den Trauzeugen deines Liebsten, ihn zu begleiten und gib ihm ein Briefing mit auf den Weg.

☐ Bestellt den Hochzeitsanzug und macht die Termine zur Anpassung und Abholung aus.

☐ Wählt passende Accessoires wie Krawatte, Einstecktuch, Manschettenknöpfe und Schuhe aus.

☐ Holt den Hochzeitsanzug ab.

☐ Vereinbart einen Termin beim Friseur, auf Wunsch auch für eine Wellnessanwendung oder Maniküre.

☐ Gebt den Hochzeitsanzug nach der Hochzeit in die Reinigung.

☐ ....

☐ ....

DIE EHERINGE

☐ Überlegt, welche Designs und Materialien euch ansprechen.

☐ Recherchiert Juweliere oder Goldschmiede in eurer Umgebung.

☐ Vereinbart einen Beratungstermin.

☐ Wählt eure Eheringe aus oder lasst sie anfertigen.

☐ Sammelt Ideen für ein Ringkissen und besorgt es.

☐ Holt die Eheringe ab.

☐ Besprecht mit eurem Ringträger den Ablauf und die Übergabe während der Trauung.

☐ ....

☐ ....

HOCHZEITSTORTE UND SWEET CANDY TABLE

- ☐ Besprecht, ob und in welcher Form ihr am Hochzeitsnachmittag Kaffee und Kuchen servieren wollt.

- ☐ Überlegt, wie eure Hochzeitstorte aussehen und schmecken soll.

- ☐ Recherchiert passende Konditoren und Cake Designer für Hochzeitstorte und/oder Sweet Candy Table.

- ☐ Besprecht eure Wünsche mit dem Konditor und bestellt Hochzeitstorte und weitere Leckereien.

- ☐ Bestellt oder bastelt einen Cake Topper.

- ☐ Besprecht Anlieferung und Aufbau für den Hochzeitstermin.

- ☐ Klärt mit dem Service in eurer Location, ob passendes Tortenbesteck vorhanden ist und wie die Torte in den Festsaal gelangt.

- ☐ ....

- ☐ ....

DIE FLORISTIK

- ☐ Überlegt euch, welche Blumen zu eurem Hochzeitskonzept passen.

- ☐ Recherchiert lokale Floristen und besprecht euer Konzept.

- ☐ Bestellt Brautstrauß, Boutonniere für den Bräutigam, Blumenschmuck für weitere Personen sowie für das Brautauto, Schmuck für die Kirche oder den Trauort und florale Dekoration für die Hochzeitslocation.

- ☐ Sammelt oder leiht entsprechende Vasen für den Blumenschmuck.

- ☐ Besprecht Anlieferung oder Abholung und Aufbau für den Hochzeitstermin.

- ☐ ....

- ☐ ....

DIE DEKORATION

☐ Überlegt euch, welche Dekorationselemente zu eurem Hochzeitskonzept passen.

☐ Recherchiert passende Angebote in Onlineshops oder bastelt selbst Accessoires.

☐ Findet einen Ort, an dem ihr die Dekoration vor der Hochzeit lagern könnt.

☐ Plant den Transport der Dekoration zur Location sowie den Auf- und Abbau, organisiert Helfer.

☐ Verkauft oder verschenkt Dekorationselemente, die den Hochzeitstag heil überstanden haben. Behaltet ein Dekorationselement für eure Erinnerungsbox.

☐ ....

☐ ....

DIE JUNGGESELLENABSCHIEDE

☐ Besprecht jeweils mit euren Trauzeugen, wie ihr euch eure JGA vorstellt.

☐ Erstellt eine Liste mit Personen und ihren Kontaktdaten, die ihr dabei haben möchtet und übergebt sie euren Trauzeugen.

☐ Gewährt euch gegenseitig Einblick in eure Terminkalender und gebt die Termine an den Trauzeugen des jeweils anderen weiter. Bietet zudem eure Unterstützung an.

☐ Und dann: Lasst euch einfach überraschen!

☐ ....

☐ ....

DIE SCHÖNSTEN MOMENTE DES HOCHZEITSTAGES

Wenn euch ein professioneller Hochzeitsfotograf den kompletten Tag begleitet, entstehen wunderbare Einblicke. Neben den Momentaufnahmen hält der Fotograf auch besondere Details fest, die euch wichtig sind. Besprecht mit ihm vorab anhand der folgenden Checkliste, welche Bildmotive euch am Herzen liegen und auf welche Momente ihr besonderen Wert legt.

––––––––––––––––––

BILDMOTIVE FÜR DIE EWIGKEIT

DER MORGEN

☐ Brautkleid auf dem Bügel und Brautschuhe

☐ Hochzeitspapeterie

☐ Schmuck, Parfümflakon und andere Details

☐ Brautstrauß und Boutonniere

☐ Braut während des Stylings

☐ Braut schlüpft in ihr Brautkleid

☐ Braut und ihr Team Braut bei einem Glas Sekt

☐ Hochzeitsanzug und Accessoires

☐ Bräutigam beim Ankleiden

☐ Bräutigam mit seinem Trauzeugen

☐ Eheringe und Ringkissen

☐ ....

☐ ....

DER FIRST LOOK

☐ Bräutigam wartet auf Braut

☐ Braut und Bräutigam sehen sich zum ersten Mal

☐ Bräutigam übergibt Braut den Brautstrauß

☐ Letzter Kuss als verlobtes Paar

☐ ....

☐ ....

DIE TRAUUNG

☐ Dekorationsdetails am Trauort

☐ Ankunft der Braut

☐ Einzug der Braut

☐ Beiträge von Gästen und Musikern

☐ Ringtausch

☐ Erster Kuss als Ehepaar

☐ Auszug des Brautpaares

☐ Brautauto

☐ ....

☐ ....

DER SEKTEMPFANG

☐ Gratulationen der Gäste

☐ Begrüßung durch das Brautpaar

☐ Begrüßungsgetränk und Speisen

☐ ....

☐ ....

KAFFEE UND KUCHEN

☐ Hochzeitstorte und Sweet Candy Table

☐ Anschnitt der Hochzeitstorte

☐ Das Brautpaar im Gespräch mit Gästen

☐ ....

☐ ....

DAS PAARSHOOTING

☐ Brautpaar vor unterschiedlichen Kulissen

☐ Einzelporträt der Braut mit ihrem Brautstrauß

☐ Einzelporträt des Bräutigams

☐ Brautpaar mit besonderen Accessoires (zum Beispiel Luftballons oder Schilder)

☐ Hochformat für die Dankeskarten

☐ ....

☐ ....

GRUPPEN- UND FAMILIENSHOOTING

☐ Brautpaar mit der kompletten Hochzeitsgesellschaft

☐ Spaßige Variationen mit der kompletten Hochzeitsgesellschaft

☐ Brautpaar mit beiden Familien

☐ Brautpaar mit ihrer Familie beziehungsweise nur mit ihren Eltern

☐ Brautpaar mit seiner Familie beziehungsweise nur mit seinen Eltern

☐ Brautpaar mit den Trauzeugen

☐ Braut mit Trauzeugin

☐ Braut mit Team Braut

☐ Bräutigam mit Trauzeugen

☐ Bräutigam mit seinen Jungs

☐ Brautpaar mit Blumenkindern und Ringträger

☐ Braut und Bräutigam jeweils mit besonderen Gästen

- [ ] Lustige Variationen mit Brautpaar und Gästen (zum Beispiel Braut und alle Herren, Bräutigam und alle Damen)
- [ ] ....
- [ ] ....

DAS HOCHZEITSDINNER

- [ ] Festsaal mit allen Dekorationsdetails
- [ ] Brauttisch
- [ ] Menü- und Getränkekarten
- [ ] Rede des Bräutigams beziehungsweise des Brautpaares
- [ ] Servierte Speisen und Getränke
- [ ] Redebeiträge und Aktionen
- [ ] Geschenketisch
- [ ] Gästebuch
- [ ] Photo Booth
- [ ] ....
- [ ] ....

DIE FEIER

- [ ] Hochzeitstanz
- [ ] Tanz des Brautpaares mit den Eltern

☐ Brautpaar und Gäste beim ausgelassenen Tanz

☐ Bar, Cocktails und Drinks

☐ ....

☐ ....

DIE SPÄTEREN STUNDEN

☐ Mitternachtssnack

☐ Nächtliche Atmosphäre der Location

☐ ....

☐ ....

EUER TAGESABLAUF

Vom Getting Ready bis zum Mitternachtssnack –
hier kannst du euren Tagesablauf eintragen.

UHRZEIT	WAS?	WO?	WER?
16-17	Trauung	Gelderstall	Jono Musik: Piano Yvonne
17-18³⁰	Sektempfang	Gelderstall	
18³⁰-20	Menü	Gelderstall	
20-21	Reden etc.	-h-	diverse
31	Eröffnungs-tanz		Jono & Carina

UHRZEIT	WAS?	WO?	WER?
24	Late Night Snack	-u-	Leberkäö Semmel Käseplatte
	Photos		

HOCHZEITSCOUNTDOWN

Bald ist es so weit! Diese Abstrichliste begleitet dich während der aufregenden letzten 100 Tage bis zu eurer Hochzeit.

50 49 48 47 46

45 44 43 42 41

40 39 38 37 36

35 34 33 32 31

30 29 28 27 26

25 24 23 22 21

20 19 18 17 16

15 14 13 12 11

10 9 8 7 6

5 4 3 2 1

Heute ist unser Hochzeitstag!

ÜBER DIE AUTORIN

Susanne Rademacher wuchs in Ostwestfalen, den USA und Ägypten auf und wohnt heute mit ihrer Familie in Hamburg. Die Hochzeits-expertin ist Medienprofi und führt ihr eigenes Beratungsbüro für Coaching und Kommunikation. 2012 startete sie den Hochzeitsblog *www.lieschen-heiratet.de*, der schnell eine große Fangemeinde unter den Bräuten fand und heute mit über 42.000 monatlichen Leserinnen zu den erfolgreichsten deutschen Hochzeitsblogs zählt.

DANK

Herzlichen Dank an das gesamte Buchteam für die wunderbare Zusam-menarbeit! Und besonderer Dank geht an den großen und den kleinen Mann in meinem Leben – für die Zeit, euer Verständnis und die große Liebe.

IMPRESSUM

© Verlag Herder GmbH, Freiburg im Breisgau 2018
Alle Rechte vorbehalten
www.herder.de

Projektleitung Verlag Herder: Fitore Brahimi
Grafische Gestaltung: Franzi Bucher
Lektorat: Sabrina Kiefer

Herstellung: Graspo CZ, Zlín
Gedruckt auf umweltfreundlichem, chlorfrei gebleichtem Papier
Printed in the Czech Republic

ISBN 978-3-451-38118-8

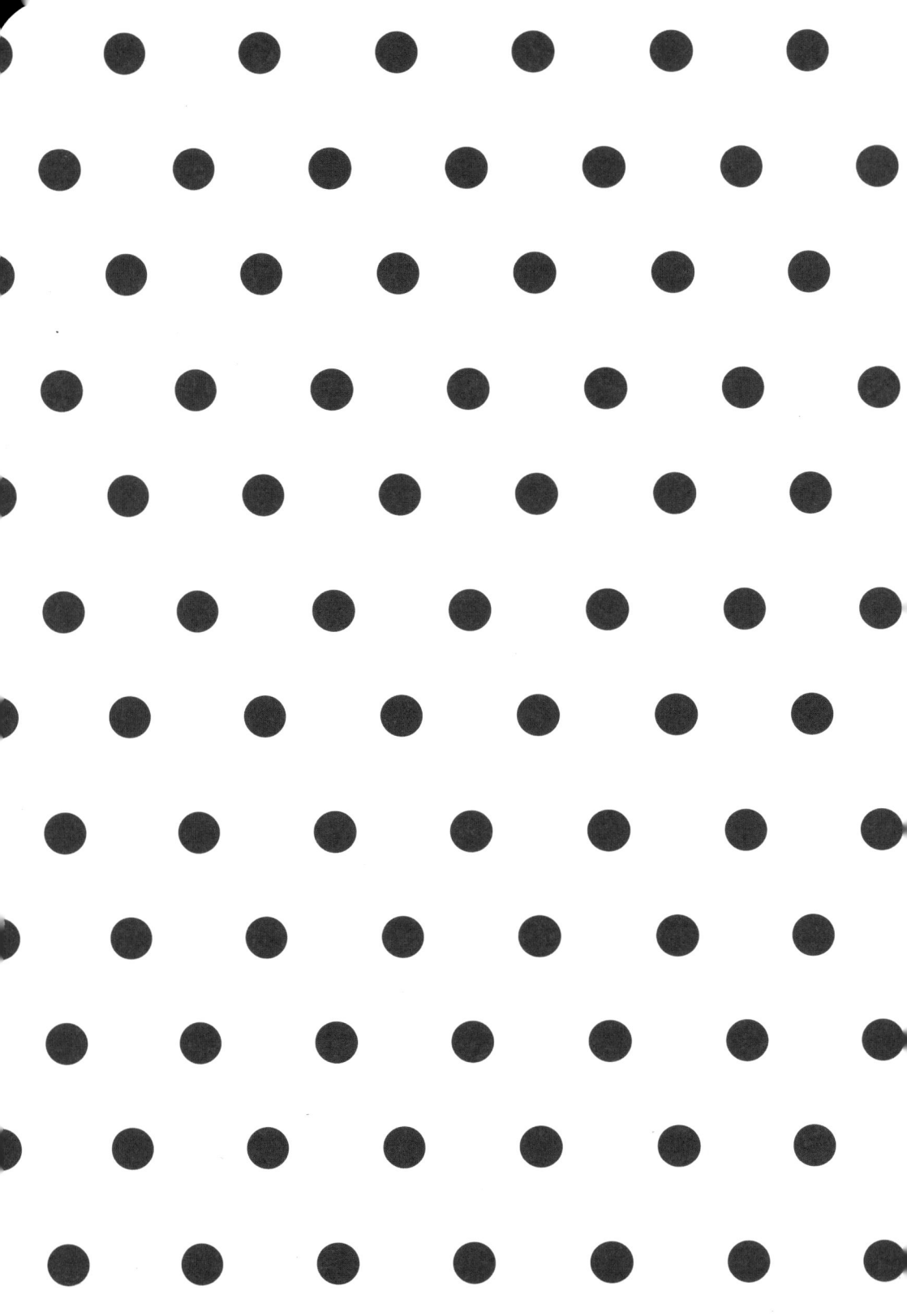